4·16구술증언록 단원고 2학년 3반 제5권

그날을 말하다

윤민 아빠 최성용

이 도서의 국립중앙도서관 출판예정도서목록(CIP)은 서지정보유통지원시스템 홈페이지(http://seoji.nl.go.kr)와
국가자료공동목록시스템(http://www.nl.go.kr/kolisnet)에서 이용하실 수 있습니다.
CIP제어번호: CIP2019008264

4·16구술증언록 단원고 2학년 3반 제5권

그날을 말하다

윤민 아빠 최성용

4·16기억저장소 기획 편집
(사) 4·16세월호참사가족협의회 지원 협조

한울

일러두기

1. 음절로 식별 가능한 소리를 들리는 대로 전사하는 것을 원칙으로 한다.

2. 의미를 파악하기 위해 추가 설명이 필요할 경우 [ ]로 표시한다.

3. 몸짓, 어조 등 비언어적 행위는 ( )로 표시한다.

4. 구술자가 말을 잇지 못해 말줄임표를 사용하는 경우 ……, …로 길고 짧음을 표시한다.

5. 비공개 영역은 〈비공개〉로 표시한다.

6. 비공개해야 하는 희생자 형제자매의 이름은 ○○, △△ 등의 도형기호로, 생존자의 이름은 A, B, C 등 알파
   벳 대문자로 표시한다.

7. 비공개해야 하는 제3자는 직분이나 소속, 성만 공개하고, 이름은 ××로 표시한다. 비공개해야 하는 숫자는
   자릿수에 상관없이 □로 표시하며, 지명은 □□로 표시한다.

　　4·16기억저장소에서는 세월호 참사 5주기를 맞아 구술증언 수집 사업의 결과물 일부를 100권의 책으로 발간하게 되었습니다. 이 사업은 2015년 6월부터 다양한 학문 분야 구술 연구자들의 자발적인 참여로 진행되어 왔으며, 세월호 참사를 좀 더 정확하고 다각적으로 기록하고 기억하고자 하는 노력의 일환으로 수행되었습니다.

　　2014년 참사 발생 이후, 참사 피해자들의 목격담과 경험은 안타깝게도 공식적인 국가기관과 언론의 기록 속에서 철저히 소외되거나 왜곡되었습니다. 그것은 세월호 참사가 우리에게 안긴 죽음과 고통의 충격만큼이나 우리 사회의 끔찍한 비극이었습니다. 따라서 사업을 진행하면서 세월호 참사 희생자 가족, 생존자, 생존자 가족, 어민, 잠수사, 활동가, 기자 등등, 참사의 초기 과정을 직접 경험한 분들의 증언을 우선적으로 수집했습니다. 구술자는 이 사업의 취지와 방식에 개인적으로 동의한 분 중에서 선정했으며, 참여 과정에 어떠한 금전적 보상이나 이익이 제공되지 않았습니다. 또한 구술증언 수집 사업을 진행하는 동안, 면담자는 연구자이자 참사를 겪은 공동체 시민으로서 최대한 윤리적이고자 노력했습니다.

구술자마다 매회 약 2시간씩 3회를 원칙으로 음성 녹취와 영상 촬영을 하는 방식으로 진행되었고, 증언의 일관성을 확보하기 위해 면담자는 큰 틀에서 공통 질문지를 사용했습니다. 공통 질문지의 내용은 참사와 구술자 간의 관계성에 따라 차이가 있지만, 유가족 구술의 경우 1회차 '참사 이전의 삶, 팽목항과 진도에서의 경험, 자녀에 대한 기억'을, 2회차 '참사 이후 투쟁과 공동체 활동 경험'을, 3회차 '참사 이후 개인 및 가족이 경험한 삶의 변화와 깨달음, 자녀의 현재적 의미'를 중심으로 했습니다. 이처럼 증언 내용은 참사 이전에서 시작해 참사 발생 당시의 경험과 이후의 변화 과정까지 폭넓게 수집했고, 면담자는 구술 채록 과정에서 구술자의 발화를 최대한 존중하고자 했으며, 무엇보다 각자의 특수한 경험과 다른 시각을 충실히 반영하고자 했습니다.

이 구술증언록의 발간을 위해, 채록된 음성 자료는 문서로 변환해 구술자와 함께 검토했고, 현재 시점에서 공개할 수 있는 영역과 할 수 없는 영역으로 구별했습니다. 따라서 책에 실린 내용은 모두 구술자로부터 공개를 허락받은 부분입니다. 비공개 영역은

추후 구술자의 동의를 받아 적절한 절차를 거쳐 추가로 공개될 수 있으리라 생각합니다.

이 구술증언록 100권에는 그동안 우리 사회에 왜곡되어 알려지거나 잘 알려지지 않았던, 참사 발생 직후 팽목항과 진도 혹은 바다에서의 초기 상황에 관한 중요한 증언이 포함되어 있습니다. 또한, 자녀를 잃는 잔인하고 애통한 상황을 겪으면서도 그 누구보다 강인한 정치적 주체로 성장할 수밖에 없었던 유가족의 마음과 경험을 구체적으로, 그리고 여러 각도에서 살펴볼 수 있습니다. 그 외에도, 이 구술증언록은 2014년을 전후한 한국 사회의 여러 측면을 드러내는 귀중한 자료가 되리라고 생각합니다. 무엇보다 국내외의 많은 분이 이 책을 읽어, 장차 세월호 참사의 진상 규명과 역사 서술에 기여할 수 있기를 바랍니다.

구술증언 수집 사업이 진행되고, 책으로 출간되기까지 많은 분의 도움과 지지가 있었습니다. 이 지면을 빌려 부족하나마 감사의 말씀을 전하고자 합니다.

먼저 (사)4·16세월호참사가족협의회와 4·16기억저장소에 감사를 드립니다. 이분들의 신뢰와 적극적인 협조가 없었다면, 이 사업은 처음부터 시작할 수조차 없었을 것입니다. 또한 어려운 정치 환경 속에서도 사업의 취지에 공감해 재정 지원을 결정해 준 아름다운가게와 역사문제연구소에 감사드립니다. 두 단체 덕분에, 이 사업을 4년 동안 계속해 올 수 있었습니다. 그리고 구술증언록 100권의 발간에 동의하고, 바쁜 일정에도 출판 실무를 기꺼이 맡아주신 한울엠플러스(주)에도 감사를 드립니다. 이 외에도 많은 개인과 단체가 직간접적으로 많은 도움을 주시고 격려해 주셨습니다. 여기에 모두 밝히지 못하는 것을 죄송하게 생각합니다.

말할 필요도 없이, 가장 크고 또 가슴 아픈 감사는 구술자 한 분한 분께 드리고자 합니다. 이 책이 발간될 수 있었던 것은, 무엇보다 용기를 내어 아픔과 고통의 기억을 다시 떠올리고 장시간 진심으로 이야기를 해주신 구술자가 있었기 때문입니다. 오랜 시간 이야기를 나누며 함께 공감하기도 했지만, 그 아픔과 고통을 어떻게 가늠할 수 있을까 싶습니다. 더 큰 도움이 되지 못함을 안타까워하며, 이 구술증언록 100권의 발간이 피해자분들에게 조금이라도 위로가 될 수 있기를 기원합니다.

2019년 4월

4·16기억저장소 구술팀 책임자
서울대학교 인류학과 교수 이현정

차례

윤민 아빠 최성용

구술자 최성용은 단원고 2학년 3반 고 최윤민의 아빠다. 윤민이는 세 딸 중 막내 늦둥이로, 주말이면 아빠는 세 딸을 데리고 이곳저곳 캠핑을 다니곤 했다. 장례지원분과를 맡아 봉사했던 아빠는 지금도 평화롭고 조용했던 막내딸이 진짜 하늘의 별이 되기를 간절히 소망한다.

최성용의 구술 면담은 2015년 11월 11일, 26일, 3회에 걸쳐 총 3시간 15분 동안 진행되었다. 면담자는 임광순, 촬영자는 이정수였다.

구술자 본인의 프라이버시나 제3자의 프라이버시를 보호해야 할 부분을 제외하고는 구술자의 발화를 있는 그대로 전사했다.

1회차

2015년 11월 11일

1
시작 인사말

면담자 　　　본 구술증언은 4·16 사건에 대한 참여자들의 경험과 기억을 기록으로 남김으로써 이후 진상 규명 및 역사 기술에 기여하고자 합니다. 지금부터 최성용 씨의 증언을 시작하겠습니다. 오늘은 2015년 11월 11일이며, 장소는 양지자활센터입니다. 면담자는 임광순이고, 촬영자는 이정수입니다.

2
참여 동기와 의의

면담자 　　　먼저, 저희 구술에 참여해 주셔서 감사드리고요. 누구한테 [인터뷰 얘기를] 들으신 거예요?

윤민 아빠 　　와이프한테 얘기를 들었어요.

면담자 　　　인터뷰한다고 어머님한테 들으신 거예요?

윤민 아빠 　　예.

면담자 　　　어머님은 누구를 통해서 알게 되신 건가요?

윤민 아빠 　　김향수 씬가? 그 양반이 와이프한테 얘길 해가지고

"저기 인터뷰 가능하냐" 그래서 "가능하다", 그래서 김향수 씨랑 통화를 했는데 일요일 날 내가 약속이 있는지 모르고 지난 일요일 날 [약속]했는데, 와이프가 결혼식 가야 된다 그래 가지고 전화해 가지고 오늘 날짜로 잡은 거지.

면담자   어머님이랑 아버님 두 분이 상의해서 아버님이 하시기로 결정하신 거예요?

윤민 아빠   아니요. 와이프가 나한테 "인터뷰에 [참여]할 수 있냐" 그래서 "상관없다. 인터뷰하는 데 뭐 큰 문제 될 거 있냐" 그래서 인터뷰를 한다고 그랬죠.

면담자   어머님도 인터뷰를 원하시는 건가 궁금해 가지고.

윤민 아빠   워낙 많이 인터뷰를 하니까. 본인이 알아서 다 쫓아다니고 하니까.

면담자   이 기록이 어떻게 사용됐으면 좋으실 거 같아요?

윤민 아빠   각자 부모들이 다 저처럼 인터뷰를 한다 그러면은 아마, 그 얘기들이 어떤 내용인지는 모르겠어요. 자세하게는 잘 모르는데, 제 개인적인 생각은 우리 자라는 애들한테 큰 도움이 됐으면 좋겠어요. 이 사회에 큰 도움이 되면 좋겠는데, 조금이라도 안전한 사회 건설하는 데 기초가 됐으면 하는 [게] 조그만 소망이라고 얘기를 할까요.

면담자　　　　　인터뷰를 일대일로 하다 보면 얘기가 가족분들마다 당연히 조금씩 다른 것도 있고….

윤민 아빠　　　다 틀리겠죠. 분위기에 따라서 틀리니까.

면담자　　　　　저희도 따로 보안서약서를 쓰거든요. "내용을 외부 유출 안 한다" 전제하고 하는 게 기록으로써 나중에 누가 보더라도, 당시 유가족분들은 이런 경험을 하셨고 이런 생각을 하셨고 그런 거를 저희가 남기려고 합니다.

윤민 아빠　　　[유가족 대상] 건강검진도 정부에서 하는 건가 거기에서 하는 것도 저는 일부러 받았어요. 왜냐면 이러한 건[세월호 참사] 과거에도 없었고 앞으로도 일어나면 안 되니까. 솔직히 얘기하자면 제 개인적인 생각은 옛날 저기 일본 놈들이 하는 마루타랄까 우리가 그런 대상이 되어줘야지, 향후에 이런 가족, 우리와 같은 사건을 입은 가족들의 치유에 우리가 조그마한 밑거름이 되지 않겠나 생각이 [들어요]. 저는 개인적으로 그렇게 생각이 들어가지고 기꺼이 가서 건강검진 하고 거기에 대한 요구하는 동의서도 사인을 했거든요. 나쁜 쪽으로 생각하면 굉장히 나쁜데, 좋은 쪽으로 생각하려고 마음을 먹고 또 그렇게 바라고, 그렇게 해야 되는 게 도리라는 생각이 들어가지고 저는 거기에 대해서 동의를 했어요.

면담자　　　　　맞아요. 나중에 역사 공부하는 사람들은 그런 문서 하나하나 다 얻어가지고….

윤민 아빠　　　나중에 젊은 사람들이 그거를 책임을 갖고 해결해
주면 더 고마운 거죠.

3
출생 및 성장 과정

면담자　　　아버님께서 62년생이라고 하셨는데요. 고향은 어디
세요?

윤민 아빠　　　제가 태어난 곳은 서울 금천구 시흥동에서 태어났어
요. 서울에서 고등학교까지 졸업하고 79년도, 고등학교 졸업하기
전에 79년도에 아버님이 안산에 내려오셔 가지고. 저는 고등학교
졸업하자마자 안산으로 내려왔고 학교를 여기서 통학하게 됐죠.

면담자　　　부모님도 원래 서울 분이세요, 아니면 다른 지역에
서 오셨나요?

윤민 아빠　　　우리 아버님은 원래 황해도 분이세요, 황해도 분, 이
북 분이시고. 어머님은 시흥동, 그쪽에 이제 옛날에는 시흥동이 아
니고 시흥 뭐라고 했는데 거기 동네 사셨죠. 그러다 거기서 중매결
혼을 하셔가지고 79년도까지 시흥동에 살다가 79년도에 여기[안산]
내려오게 된 거죠.

면담자   안산에 다른 가족분들에 비해서 되게 일찍 내려오신 편인 거죠?

윤민 아빠   굉장히 일찍 내려온 편이죠. 여기는 허허벌판밖에 없었으니까.

면담자   그때 안산 어디에서 사셨던 거예요?

윤민 아빠   그때 가장 번화가가 원곡동이었어요.

면담자   원곡동이요?

윤민 아빠   예, 원곡동이 젤 번화가고, 거기에 시장이 딱 하나 있었어요. 주택시장이래 가지고, 거기 딱 시장 하나고, 거기 시장이 굉장히 커 가지고, 그 옆에 그 당시에 대중목욕탕이라고 목욕탕을 하셨어요.

면담자   아버님이 목욕탕을 하셨어요?

윤민 아빠   예.

면담자   번화가가 딱 하나[원곡동] 있고, 그곳에 대중목욕탕 큰 거 하나가 있었고….

윤민 아빠   네, 네. 그런 식으로 있었어요.

면담자   집안이 그래도 잘사셨던 거 아니에요, 동네에서?

윤민 아빠   먹고사는 데는 지장이 없었어요.

면담자　　　보통 목욕탕이 엄청 풍족하진 않아도 좀 잘사는 축에 속하지 않아요?

윤민 아빠　　　네. 먹고사는 건 큰 지장이 없었으니까요.

면담자　　　진짜 안산이 허허벌판일 때부터 보셨겠네요.

윤민 아빠　　　여기 처음에 내가 왔을 때는 뭐 안산시청이 출장소라 해가지고 출장소 하나만 있었고. 그때 막 개발, [도심을] 조성한다고 이런 야산을 깎아가지고 구획 정리를 하고 있었어요. 여기 월피동 이쪽에, 월피동 이쪽에 버스 타고 지나다니고 보면은 야산 하나를 없애가지고 완전히, 동네를 만드는 그런 과정을 다 지켜봤죠.

면담자　　　아버님 고3 막 졸업할 때 즈음 오신 거죠?

윤민 아빠　　　그쵸. 고등학교 2학년 때, 79년도에 고등학교 2학년인가 1학년 때 아버님 여기 계시니까 한번은 내려왔죠. 그다음에, 완전하게 이사 온 거는, 집은 다 이사 왔는데 저는 서울에서 친척 집에서 통학하다가 여기서 통학하고 그랬어요.

면담자　　　시흥동 쪽에는 어머님 고향이면은 외갓집이, 친척 집이….

윤민 아빠　　　예, 외갓집에. 저희 외갓집도 굉장히 부자였어요. 옛날에 거기 황씨 집안 땅을 밟지 않고서는 못 지나다닌다고 할 정도로 부자였어요. 근데 이제.

면담자	동네의 유지셨나 봐요.
윤민 아빠	예. 〈비공개〉

면담자   고등학교 졸업하고 나서 대학을 가신 거예요, 아님 바로 일을 하신 거예요?

윤민 아빠   네. 대학교에 갔어요.

면담자   아, 대학은 어디에서 다니신 거예요?

윤민 아빠   저기 홍대[홍익대학교] 다녔어요.

면담자   홍대요?

윤민 아빠   예.

면담자   통학하신 거예요?

윤민 아빠   여기서[안산에서] 직행버스가 영등포까지 있었어요.

면담자   여기서 어떻게 통학하셨어요?

윤민 아빠   영등포에 가면 1시간, 그다음에 영등포에서 전철 타고서 아님 버스 타고 가면은 바로 가요. 마포대교 건너가면 가니까.

면담자   몇 학번이세요?

윤민 아빠   81학번.

면담자   81학번이세요? 되게 젊어 보이시네요.

| 윤민 아빠 | 2년 동안 10년은 늙었어요, 지금. |

| 면담자 | 네. 전공은? |

| 윤민 아빠 | 금속. |

| 면담자 | 금속이요? |

| 윤민 아빠 | 금속공학과. 그냥 점수대로 그 당시에는 "서울 떠나는 건 안 된다" 해가지고 과는 뭐 별 상관없이 들어가게 됐어요. |

| 면담자 | "80년대 학번들은 민주화운동을 많이 했다" 이런 이미지가 있으니까. 대학시절에 학생운동이나 이런 거 관계가 있으셨어요? |

| 윤민 아빠 | 그때는 저는 그런 쪽에는 전혀 관심이 없었어요. 산을 좋아해 가지고 산을 많이, 전국에 있는 산을 많이 다녔어요. |

| 면담자 | 대학 산악부나 등산부 이런 걸 하셨었어요? |

| 윤민 아빠 | 예, 예. |

| 면담자 | 아버님, 대학 졸업하시구, 군대는 어떻게 가셨어요? |

| 윤민 아빠 | 군대 갔다 와, 육군 갔다 왔어요. 103보[춘천 103보충대]. |

| 면담자 | 대학 다니시다가? |

윤민 아빠	예, 예.
면담자	군대는 어디로?
윤민 아빠	홍천으로 갔다 왔어요. 11사단.
면담자	11사단. 기계화 보병사단.
윤민 아빠	네.
면담자	젓가락 부대죠.
윤민 아빠	네, 젓가락 사단. 왜 젓가락 사단인지 아세요?
면담자	마크 땜에 그런 거 아니에요?

윤민 아빠   그런 것도 있고. 11사단이, 예비사단이라고 있는데, 6·25때 사단기를 뺏겼어요. 근데 전투해 가지고 중국군 사단기를 뺏어가지고 전방도 안 가고 후방도 안 가고 지금 예비사단으로 있는 데예요. 예비사단의 임무가 뭐냐면 전시가[전쟁이] 나면은 전방에서 부대가 12시간인가 저걸 해요, 막고 있어요. 예비사단이 그 안에 걸어서, 걸어서 그 부대하고 교환, 어떻게 임무를 바꿔가지고, 쉽게 얘기하면은 그다음에 총알받이로 가는 게 예비사단이에요.

면담자   공감할 수 있습니다. 저도 양구 2사단에서 군 생활을 해서요.

윤민 아빠   아, 2사단에.

취업과 결혼, 출산

면담자　　　군대 갔다 오시고 대학 졸업하시고 바로 취직을 하

셨던 거예요?

윤민 아빠　　예.

면담자　　　어떤 일을 하셨나요?

윤민 아빠　　여기 공단에.

면담자　　　반월공단이요?

윤민 아빠　　예. 반월공단에 아시는 분이 소개를 해가지고 중소
기업이라고 하죠, 그 당시에 25명 정도 되더라고. 그 회사에 들어
가 가지고, 그 회사가 보니까 제조업하는 회산데 도금하는 업종이
었어요. 도금하는 업종인데, 그 회사 제품이 뭐였냐면 전자제품 쪽
에 가장 기초적인 소재를 만드는, 와이어를 만드는 업체였어요. 그
당시에 그 아이템이 한 70, 아니 90년도, 2000년, 2000년도 중반까
지는 상당히 좋은 아이템이었어요. 제가 다니던 회사가 굉장히 조
그맣게 시작해 가지고 제가 그만두기 전까지 세계에서, 세계에서
제일 많은 양을 생산하는 업체가 됐었어요.

면담자　　　회사를 오래 다니셨네요?

윤민 아빠   한 20년 정도 다녔어요.

면담자   반월공단에서 20년 넘게 일하셨으면 공단이 커지고 줄어들고 모두 보셨겠네요.

윤민 아빠   98년도 IMF 때 가장 힘든, 여기가 공단이 가장 많은 변화가 생겼어요. 그 당시에 IMF 터지면서 회사가, 문 닫은 회사가 많았었고, 다시 형성된 회사가 있었고, 그 과정이 있었고, 그다음에 시화공단이 생기면서 안산에 공단이 과포화가 된 상태에서 시화의 공단에서 안산으로 업무협조가 온 게 뭐냐면, 반월공단에서 확장을 해서라든가 시화공단에 땅을, 반월공단에 땅을 10평 갖고 있으면 두 배를 줄 테니까 시화공단으로 많이 좀 [이전]해 달라고 해가지고 그때 2000년도까지 많이 이전을 했어요.

면담자   시화공단은 안산시랑은 별로 영향이 많이 없는 거예요, 반월만큼?

윤민 아빠   처음에는 안산 반월공단이 많이 갔는데 시화공단이 어느 정도 형성이 되니까 지금은 시화공단 업체 수가 더 많아요. 반월공단 합쳐가지고 5000여 개가 되는데 거기[시화공단]가 조금 더 많아요, 지금. 어느 정도 자립적으로 되니까 독립을 했겠죠. 그래 가지고 자체적으로 시화가, 시장도 그렇고 자체적으로 가게 되게 됐죠.

면담자   아버님은 계속 반월공단에서 일하신 거죠?

윤민 아빠   예, 반월공단에 있었어요.

면담자   몇 년도까지 일하셨나요?

윤민 아빠   제가 87년돈가? 80, 아 86, 80… 내가 몇 년에 입사했지? 아, 맞네. 87년도 6월 1일 날 입사해 가지고 2011년, 2000… 아니, 아니야. 98년돈가 99년도에 한 번 그만뒀어요.

면담자   IMF 타격이 있었을 때네요.

윤민 아빠   예. 사장한테 가서 "개인적으로 사업 한번 해보겠다" 면담해 가지고, "그래, 나가서 해라" 그래 가지고 나갔다가 다시 불러가지고 2년 만엔가 3년 만엔가 재입사를 했어요. 2012년돈가 제가 그때, 2012년도는 그만두게 된 게 뭐냐면 □□제강하고 M&A[기업 인수·합병]하면서 나이가 좀 되니까 그 순으로 해가지고 명퇴를 하게 된 거예요.

면담자   반월공단이 워낙 크니까 공단 앞 가게들은 반월공단 월급날만 장사해도 된다고 할 정도로 의존도가 컸다고 들었어요.

윤민 아빠   그 당시에 반월공단의 회사들이 2500여 개 정도 됐는데 5일 날, 10일 날, 5일 단위로 월급을 나눠줬어요. 그래서 반월공단 바깥에 형성된 가게들은, 5일에 한 번씩 돌아가면서 월급 받으니까 장사가 그 당시엔 굉장히 잘됐죠.

면담자   반월공단에도 안산노련[안산노동조합연맹]이나 노동
조합들이 있다고 들었는데요. 아버님 계시던 공장에 노조는 있었
나요?

윤민 아빠   없었습니다.

면담자   노조 없었던 회사예요?

윤민 아빠   회사가 조그맣다 보니깐 노조가 없었고. 점점 크면
서 인원이 7, 80명, 100명 될 때 그런 얘기도 나왔어요. 그런 얘기
도 나왔는데 저는 관리직 쪽에 있어 가지고. 제가 만약에 노동조합
이란 거에 대해서 자세히 알았으면은 인생이 바뀌어졌을지 모르겠
는데 그 당시에는 별 관심이 없었어요.

면담자   그렇죠. 관리직분들이면 보통은 관심이 없으시죠.

윤민 아빠   근데 중소기업 같은 경우는 경영자의 주변 사람들이
많이 근무를 하거든요.

면담자   일반 노동자분들도.

윤민 아빠   그렇죠. 이게 뭐냐면 회산데 경영자의 친인척 관계,
이런 분들이 거의 다 근무를 많이 하거든요. 그러다 보니까 [친인척
이] 아닌 사람들은 관리자도, 지금 생각하면 약간의 분위기랄까 그
런 게 있으니까, 관리자도 노조에[를] 만든다든가 그런, 제가 관심
있었으면 관리자도 아마 그거를 했을 거예요. 근데 그 당시에는 없

었으니까. 오해도 많이 받았어요, 저는 그런 게 관심이 없으니까. 저는 면접 보고 들어갔는데 우리 회사 직원들은 사장하고 친인척인 줄 알았어요.

면담자　　　낙하산이라고?

윤민 아빠　　낙하산이라고 하고.

면담자　　　어떤 분위기인지 알 거 같아요. 회사에서 일을 잘하셨나 봐요. 퇴사하셨다가 재입사하기 어렵지 않아요?

윤민 아빠　　저는 별로 어렵지 않던데요.

면담자　　　12년에 퇴직하신 다음에 다른 일을 하셨던 거예요?

윤민 아빠　　개인적인 사업을, 사업이라고 했는데. 그때 [원래 하던 일과] 관련된 일을 했었는데, 준비하는 과정에서 제가 완벽하지 못해 가지고 다시 [회사로] 들어가게 된 거죠.

면담자　　　어머님이랑은 언제 만나셨나요?

윤민 아빠　　90년도 4월 달에 [결혼]했으니까 89년. 원래는 81년도 2년도에, 82년도에 만났어요, 82년도.

면담자　　　처음 만난 시기가요?

윤민 아빠　　예, 82년도에.

면담자　　　중매가 아니시네요.

윤민 아빠   82년도에 후배. 바로 밑에 후배가 아줌마뻘이에요,
지금 와이프가.

면담자   친인척으로 아줌마뻘 말씀하시는 거죠?

윤민 아빠   예, 예.

면담자   후배의?

윤민 아빠   후배의 아줌마. 후배가 데리고 왔는데 아줌마뻘을
데리고 온 거야. 우리 와이프를 데리고 와가지고 그때 제가 첫눈에
굉장히 저거[반]했죠. 그래 가지고 후배 놈한테 "야, 소개 좀 시켜
줘라" [했지요]. 그 당시에는 나를 소개시켜 줄라고 온 게 아니고 우
리 선배를 소개시켜 줄라고 온 거예요. 근데 선배가 안 왔어요. 안
오고 제가 "야, [소개] 좀 해라" 그랬더니 전화번호를 가르쳐줘 가지
고 연락을 해서 몇 번 만났죠. 몇 번 만나고 제가 이제 군대를 가게
되니까, 자기는 또 공부를 한다니까 "그럼 갈 길 가자" 이래 가지고
소식 없이 헤어지게 된 거죠.

그리고서 군대, 제가 85년도 8월 8일 날 제대했는데 그때 후배
놈한테 [연락이 왔어요]. 와이프가 성이 박씨거든요. "형, 미스 박 아
직 시집 안 갔어". 그래서 연락처를 내가 달라 그래 가지고, 어디
살았냐면 [부인이] 목동에서 화장품 가게를 하고 있었어요, 화장품
가게를 하고 있어 가지고 제가 찾아갔죠. 찾아가 가지고 얼굴 보
고, 안산에서 목동까지. 그 당시에 회사에서 퇴근하면은 8시예요.

8시에서 전철역까지 오면은 8시 반. 8시 반에서 가면은 10시.

면담자 목동까지 가신 거예요?

윤민 아빠 네. 열심히 가가지고 커피 한 잔 마시고 내려오면 12시. 정성을 들였더니, 그래서 결혼하게 된 거예요.

면담자 그때부터 연애를 해서 결혼을 하셨나요? 연애 기간이 꽤 길었나 봐요.

윤민 아빠 중간에는 그렇게 많이 안 만났어요. 못 만났어요. 서로 가는 길[이] 틀려 가지고 뜨문뜨문, 얼굴 잊어먹지 않을 정도로. 근데 89년도에, 그 당시에 89년도에, 90년도지. 아, 90년도 되면은 아버님이 환갑이었어요. 그래 가지고 89년도에 아버님이 [저한테] "결혼을 해야 된다".

면담자 그렇죠.

윤민 아빠 절을, 아들이, "결혼 안 한 아들은 [환갑 때] 절을 할 수가 없다" 그 얘기가 있어 가지고. 그 당시에 89년도죠. 그때 가가지고….

면담자 아버님께서 "결혼할 사람 데려와라" 하셨네요.

윤민 아빠 그전에 88년도, 89년도에 안산에서 어머님 동네 분이 하나 중매를 해줘 가지고 한 번 만나고 몇 번 만난 적이 있었거든요. 근데 인연이 안 됐다 하니깐 헤어지게 되고, 헤어졌는데 며칠 있다가 다시 연락이 왔어요. 나한테 와가지고 "다시 시작하면 안 되겠냐?" [해서] "됐다"고, "난 나 싫은 사람, 떠난 사람 다신 안 본다"[고] 정중하게 거절을 했죠. 그런 와중에 후배가 얘기해 가지고 "제대로 한번 해봐" [하면서] 소스[정보]를 준 거예요. 그래 가지고 89년도에 가가지고 계속, 그때는 여기서 거의 매일 올라가다시피 했어요. 매일 올라가다시피 해가지고 거기서 얘기를 했죠. 그랬더니 그렇게 나쁜 쪽은 아니었어요, 반응은. 그래 가지고 결혼하기 전에 먼저 처갓집 장인, 장모될 분들 만나자 얘길 하더라고요. 거기 갔더니 거기도 대가족이에요. 할머니가 그 당시에, 할머니가 생존하셨어요.

면담자　　　어디신데요?

윤민 아빠　　　태릉입니다, 태릉, 불암동. 거기가 우리 처갓집이었어요. 거기 갔더니 할머님이 생존해 계시고 저희 장인, 장모 계시고. 인사하러 갔는데 할머님이 굉장히 반갑게 맞이하시더라고요. 거기서 제가 거짓말을 못 할 거 같아 가지고. 그 전에 뭐라고 했냐면, 와이프가 저한테 얘기한 게 뭐냐면, 분가해서 사는 거를 전제조건으로 했어요. 그러면 자기가.

면담자　　　안산에서 안 살고요?

윤민 아빠　　　아니, 안산에서 살되 분가해서 사는 걸로.

면담자 네.

윤민 아빠 그렇게 얘기를 했어요. 그래서 "알았다, 그렇게 하자" 가가지고 할머니한테는 내가 솔직히 얘기했어요. 할머니 손자도, [그러니까] 우리 처남도 외아들이에요. 5남매 중에 외아들이에요. 그래서 가가지고 "아니, 처남도 외아들인데 부모님을 안 모시고 산다 그러면 할머니 어떻게 생각하십니까?" 했더니 고민 많이 하시더라고요. 저 혜영이, 와이프 이름이 혜영이거든요, "혜영이한테는 분가해서 산다고 얘기했는데, 차마 어르신 앞에서는 거짓말 못 하겠습니다. 분가 안 하고 모시고 살아야 될 거 같습니다" 그랬더니 딱 놀래요. 우리 할머니는 굉장히 좋아했어요. "뭐, 그래, 그래야지" 이러면, 장인이, 장인이랑 장모가 놀란 거예요. 얘기 듣다가 놀라가지고 나를 저쪽 방에 가라 하고서 할머님, 장인, 장모 그 다음에 와이프 넷이서 회의를 한 거예요. 30분 동안 회의했나 봐요. "어떻게 할 거냐?" 근데 할머님, 장인, 장모님이 그렇게 하라고 얘기를 해가지고 그다음 4월 1일 날, 90년 4월 1일 날 결혼을 하게 됐어요.

면담자 외아들이세요?

윤민 아빠 4월 8일 날 했구나. 외아들입니다, 저는.

면담자 누이분들도 안 계세요? 위에 누님이나 여동생이나.

윤민 아빠　　　아니, 있어요. 누님 한 분하고 여동생 하나.

면담자　　　결혼해서 부모님과 같이 안산에서 사셨나요?

윤민 아빠　　　한 15년. 안산에서 15년 이상 같이.

면담자　　　지금도 같이 살고 계세요?

윤민 아빠　　　아뇨. 지금은 분가한 지 한 10년째 돼요.

면담자　　　결혼하시면서 어머님께서 목동 화장품 가게는 정리하고 오신 거예요?

윤민 아빠　　　목동 화장품 가게 정리하면서, 결혼하면서 정리는 하지 않고 동생들한테 줬어요, 동생들한테. 그 밑에 여동생이 세 명 있는데 둘째, 셋째한테 운영하라고 넘겨주고.

면담자　　　양품점 말씀하시는 거죠?

윤민 아빠　　　화장품하고 옷도 하고 같이 하는 거. 양품점이라고 하죠. 그렇게 했어요.

면담자　　　맞벌이 하셨다고 들었는데요. 처음부터 맞벌이를 하셨나요?

윤민 아빠　　　아니, 처음에는 안 하고요. 애들이 크고, 커가지고. 첫째, 둘째도 크고 그다음에 셋째 윤민이가 학교 다니면서 점점 들어가는 경비들이 많으니까, 고등학생 되고 하니까 그때 윤민이도 초등학교 졸업하고 중학교 다니니까, 그때 이제 맞벌이를 하게 된 거죠. 자기가 저거라도 좀, 생활비라도 좀 벌겠다 해가지고 그렇게 된 거죠.

면담자   주로 어떤 일을 하셨나요?

윤민 아빠   처음에 와이프는 이마트에서 옷, 등산복 거기서 일을 했어요.

면담자   따님이 셋인데요. 부모님께서 아들을 낳으라고 하시지는 않던가요?

윤민 아빠   그랬죠.

면담자   ○○[윤민이 큰언니]는 페이스북으로 많이 알려져 있잖아요. 지금도 직장을 다니고 있나요?

윤민 아빠   작년에, 작년 12월, 올해 1월 달에 [직장을] 그만뒀어요.

3면담자   올해 1월에요?

윤민 아빠   예, 엄마한테 먼저 얘길 했더라고요. 좀…….

면담자   힘들어서요?

윤민 아빠   "이쪽 일을 하고 싶다"고 얘길 해가지고, "본격적으로 해보고 싶다"고 얘길 해가지고, "그래라, 너가 다 컸으니까 하고 싶은 대로 해라" 그래 가지고, 일하는 데도, 조금 다니던 회사가 이

윤민 아빠 최성용

사 간다고 또 얘기하더라고요. 이전한다고, 이전을 한다 그랬죠. 저 김포 쪽에 이전한다고 얘기도 있었고 그래 가지고, "이 일을 해 보고 싶다" 그래 가지고, "그럼 그렇게 해라" 그래서 그만두고 이 일을 좀 했었죠. 〈비공개〉

면담자   본인이 당연히 잘 알고 본인이 판단하는 거고.

윤민 아빠   본인이 판단하는 거니까 거기에 대해서 강요를 안 했어요. 지금 어떻게 직장을 좀 알아본다고 하는데, 그 얘기를 했죠, 저는. "급하게 서두르지 마라. 니가 쉬고 싶은 대로 좀 더 쉬었다가 나중에 일하게 되면 평생 일해야 되는 거니까 천천히 해도 되니까 서두르지 마라"고 그렇게 얘기를 해서, 그래도….

면담자   △△[윤민이 둘째 언니는 직장인인가요, 학생인가요?

윤민 아빠   저기 다녀요, □□. 저기 대방동에 □□. 거기 다녀요.

면담자   따님 두 분은 세월호 참사 전에 직장인이었던 거네요. 〈비공개〉 따님이 셋인데 윤민이는 늦둥이네요.

윤민 아빠   아들 낳을라고 낳은 거예요.

면담자   일부러 조금 늦게 낳으셨나 봐요.

윤민 아빠   그 당시에 얘기를 많이 하는 게 뭐냐면 "5년 정도 터울 두면은 아들을 낳는다"는 얘기를 많이 해요, 어른들이. 왜 그러냐면 체질개선을 하게 되면, 체질을 바꾸면은 아들을 낳는다는 그런 얘기가 있어요. 그래 가지고 5년 정도 있다 윤민이를 낳은 거 거든. 와이프가 제왕절개를 안 했으면 하나를 더 낳았을지도 몰라요. 근데 제왕절개를 하는 바람에 내가 [정관]수술을 했어요, 바로.

면담자　　보통 노산이시면 제왕절개를 많이 하시죠.

윤민 아빠　　그 당시에 엑스레이도 다 찍고. 내가 오래 살다가, 여기 오래 거주하다 보니깐 병원 의사들도 많이 알아요. 다 쫓아가서 "진짜 제왕절개밖에 안 되냐?" 다 확인했더니 "도저히 어려울 거 같다" 그래 가지고 제왕절개를 하게 된 거죠. 그래서 큰애는 15일 지난 다음에, 예정일보다 15일 지난 다음에 낳았어요, ○○는.

면담자　　큰딸 ○○요?

윤민 아빠　　통증이 하나도 없어 가지고.

면담자　　어머님이 윤민이까지 세 명을 낳느라 고생하셨네요.

윤민 아빠　　윤민이 때 가장 힘들었어요. 뭐냐면 6시간인가 안 깼으니까, 마취가. 지혈이 안 돼가지고.

면담자　　어머님 인터뷰에는 늦둥이라 하셨는데 대략 35[살]쯤에 낳으신 거 같아요.

윤민 아빠　　그 당시에는 보통 우리 나이 때는 25[살]부터 30[살]

안에 다 결혼했어요. 그땐 그렇게 알고 30[살] 넘으면 노처녀, 노총각으로 얘기를 했으니까.

면담자   저희 세대가 많이 다른 편이죠.

윤민 아빠   기성세대가 잘못해서 그런 거야, 이거는. 집에서도 치어서 그런 거지. 원래 젊었을 때, 지금 이 나이에 쭉 되새겨 보면은 가장 혈기왕성할 때 애를 낳고 키우는 게 애들을 키우는 것도 수월하고 부모가 좋아. 나이를 먹고 나면 애들도 부모를 싫어해. 무슨 말이냐면 고등학교 정도 됐는데, 중학교 고등학교 가잖아. 엄마들이 일찍 낳아서 결혼한 사람들은 엄마들이 젊어.

면담자   그렇죠.

윤민 아빠   나이 먹은 사람들은 학교를 못 가.

면담자   엄마가 나이 들었다고요?

윤민 아빠   엄마 나이 땜에. 얘기를 해야 된단 말야, 자기네들끼리. 그래서 애들이 엄마를 아빠를 오지 못하게 하는 경우가 많았어.

면담자   윤민이도 학교 다닐 때 그런 걸로 불편해한 적이 있었나요?

윤민 아빠   윤민이가 우리 와이프한테 얘길 한 게 뭐였냐면, "엄마, 우리 친구들 엄마들 중에서 6자 들어간 사람은 엄마밖에 없어"

그랬어요.

면담자   연생 말씀하시는 거죠? 몇 년생.

윤민 아빠   다 70년생이니까.

면담자   그래서 어머님이 인터뷰에서 "엄마들 중에 본인이 제일 나이 많을 거다"라고 말씀하신 거네요.

윤민 아빠   많은 편에 들어가요, 많은 편에.

면담자   제가 보기에는 별로 많지 않으신 거 같은데요.

윤민 아빠   우리 3반에서 와이프하고 비슷한 사람이 두 명인가 더 있고 나머진 다 저기….

면담자   ○○, △△, 윤민이 셋 다 성격이 달랐나요?

윤민 아빠   큰애는 조금 뭐랄까 여유 있는 편이에요. 상당히 좀, 뭐든지 만사가 급한 게 없어. 그다음에 둘째는 가운데 있어서 그런지 모르지만 자기 거를 많이 챙기는 스타일이고.

면담자   알아서 잘 챙기는 스타일이란 말씀이시죠.

윤민 아빠   〈비공개〉 우리 윤민이 같은 경우는 좀 성격이… 와이프 성격하고 많이 비슷해. 걔도 좀 집에서 뒹굴뒹굴하는 스타일이에요. 바깥에 나가지 않고.

면담자   활동적이기보다는 집에서 편하게 쉬고?

윤민 아빠 최성용

윤민 아빠   소심한, 그러니까 소심하다기보다는 새침데기라고 얘길 해야 되나? 활동적으로 애들하고 만나고 이렇게 활달하게 노는, 그렇게 바깥에 나가는 왈가닥 성격은 아니고. 그러니까 항상 친구들 만나 나가서, 놀러 가갖고 나서, 친구 안 만나면 집에다가 맨날 테레비나 보고 뒹굴뒹굴하는 스타일.

면담자   딸들하고 아버지들이 가까이 지내기에 어렵지는 않나요?

윤민 아빠   엄마보다는 좀 덜하지.

면담자   따님들하고는 원래 얘기를 많이 하시는 편이에요?

윤민 아빠   얘기를 나한테 많이는 안 하지. 엄마하고 얘기를 많이 하지. 목욕탕 가서, 같이 가는 사람하고 얘기를 많이 하지. 목욕탕 안 가는 사람하고 어떻게 얘길 하나.

면담자   어머니하고 애들하고 목욕도 잘 다니고 그랬나 봐요.

윤민 아빠   항상 같이. 목욕탕 할 때는 매일 가고, 안 할 때는 2, 3일에 한 번씩 가더라고.

면담자   아버님, 참사 이전에는 일상이 아침에 출근하시는 거였겠어요.

윤민 아빠   아침에 일어나서 회사에 출근했죠.

면담자   아침에 출근하시고 저녁에 집에서 주무시는 일상이었나 봐요.

윤민 아빠   회사 다닐 땐 근무하는 부서가 영업이었어요. 영업이어 가지고 집에를 들어가는 시간이 낮에 들어가는 시간이 거의 없어요. 밤에 아니면 새벽에 많이 들어갔어요.

면담자   주말에는 어떠셨어요?

윤민 아빠   신혼 초에는 결혼하고 나서는 부모님을 모셔가지고. 제가 낚시를 좋아하거든요. 그래서 거의 주말마다 낚시 간단 핑계를 해가지고, 낚시를 가가지고 바깥에 생활하고 1박 2일로 자고 들어왔어요. 그래서 애들 사진을 보면 다 그렇게 바깥에서 생활하는 [것을] 찍은 게 많아요.

면담자   부모님과 사시니깐 주말에는 아이들까지 데리고 1박 2일을 가셨네요.

윤민 아빠   갓난애기였을 때도 데리고 나갔어요. 다 저기 텐트 생활을 해가지고 애들이, 우리 애들은 텐트생활을 하는 거에 대해서는 그렇게 거부 반응이 없어요. 오죽했으면 그 당시에 차가 스타렉스였는데 비가 오고 이러면 스타렉스 의자 펴놓고 그냥 거기서 다 자요. 그래도 불평불만 없었으니까.

면담자   애들을 셋이나 데리고 나가셨으면 힘들기도 하고 재

미있기도 했겠어요.

윤민 아빠   그런 생활을 하니까 성격들이 많이 뭐랄까, 급하다든가 짜증내는 이런 건 없어요. 왜냐면 텐트생활이란 것은 해보셨는지 모르겠지만 바닥에 흙이 있고, 이게 비 오고 그러면 굉장히 지저분하거든요. 그런 거에 대해서 짜증 하나 안 내니까, 그 생활을 즐겼으니깐.

면담자   부대끼고 산 사람이 모난 데가 없잖아요.

윤민 아빠   그렇죠. 둥글둥글하게.

면담자   아버님은 종교가 있으세요?

윤민 아빠   어머님이 절에 다녔어요. 절에 다녀가지고 절에 손잡고 많이 다녀, 끌려가다시피 하고 다녔어요. 근데 지금은 절에 다니면서, 제가 산을 또 좋아하니까 산에 절 있으면 저는 꼭 들어가서, 아니면 애들 데리고 여행 간다 그래도 절 있는 데 가가지고 절했거든요. 요즘은 제가 안 가요.

면담자   요즘이라면 작년[2014년] 말씀하시는 거죠.

윤민 아빠   그렇죠, 그렇죠.

면담자   일부러 안 가시나요?

윤민 아빠   가기가 싫어요.

면담자   윤민이 어머님은 종교가.

윤민 아빠   원래 종교 없어요. 그래서 절에 가면은 제가 애들 셋
다 데리고 가서 "건강하게 해달라고 절하라"고 하고 같이 들어갔었
는데….

면담자   작년부터 종교생활을 안 하셨다고 하셨는데, 안 하
시게 된 까닭은 무엇인가요?

윤민 아빠   뭐라고 설명을 하는 게 좋을까? 어떻게 보면은 종교
라는, 믿음에 대해서 굉장히 실망을 많이 했다고 얘길 해야 되나?
그게 가장 큰, 이야기를 하자면 그게 가장 크겠네요. 그래서 그다
음부터는 믿음이라는 거에 배신을 느껴가지고.

면담자   불편하신 거죠?

윤민 아빠   그치.

면담자   다른 가족분들도 이런 사례가 꽤 있더라고요.

윤민 아빠   주변에 많이 있어요.

윤민 아빠 최성용

5
사회생활과 정치 성향

면담자 　　직장생활을 하실 때 주로 만나던 분들은 직장 동료인가요, 아니면 동호회나 동네 분들이었나요?

윤민 아빠 　　제가 동호회도 많고 친구도 많고 워낙 많아요.

면담자 　　사람 만나는 걸 좋아하시나 봐요.

윤민 아빠 　　예, 사람 만나는 걸 좀 좋아하는 편이어 가지고 거의 집에 일찍 들어간 날이 없는 게, 내가 약속을 잡든지 약속 있는 데를 가든지. 월요일부터 금요일까진 그렇게 생활을 해요. 토요일 날은 가가지고 집에 들어가서 "야, [캠핑] 가자" 이래 가지고 나가고.

면담자 　　평일에는 주로 퇴근 후 지인분들을 만나고요?

윤민 아빠 　　예, 거의 이제, 사람이 좋아 가지고 맨날. 그래서 부부싸움을 좀 많이 했죠.

면담자 　　특정 그룹이 아니고 두루두루 만나는 편이세요?

윤민 아빠 　　예, 두루두루 많이 만나요.

면담자 　　학교 쪽 모임은 아니었나 봐요.

윤민 아빠 　　아니, 학교. 원래 초등학교, 중학교, 고등학교 모임이 있거든요. 동창회 모임인데 초등학교하고 중학교는 모임을 나갔다가, 고등학교 모임은 나중에 친한 친구들한테 연락을 받아가지고 나갈라 그랬는데, 작년에 사건 나는 바람에 못 가고 지금은 초등학교 친구들 만나는 거. 중학교 친구들도 연락이 오는데 내가 "올해는 좀 그렇고 내가 정리되면 12월 달이나 1월 달에 갈게" 이랬더니 알았다고. 그러고 동창들 모임, 원래 제가 어렸을 때부터 친구들을 좋아해 가지고 모임을 하나 만든 게 있어요. 그 당시에 20여 명 되는데 지금 한 8명 정도로 줄어들었는데, 그 모임은 지금 한 30 몇 년 동안 이어지니까. 그거는 매달 한 번씩 만나는 모임이고. 그다음에 안산 내려와 가지고 조기축구회가 있어 가지고 조기축구회 그 한 20[명], 지금 몸담고 있는 게 한 30년 되니까.

면담자　　　조기축구회도 하셨어요?(웃음)

윤민 아빠　　왜 웃어. 그러니까 내가 이렇게….

면담자　　　정말 모임을 많이 하셨네요.

윤민 아빠　　[그러니까] 맨날 술 먹고도 내가 이렇게 멀쩡한 거지.

면담자　　　유가족들 중에 참사 이후 주변 사람들과 관계가 끊어진 분들도 계시잖아요. 사람 만나는 거 좋아하시면 작년 이후에 안 좋아진 그룹이나 계속 유지되는 그룹이 나뉘나요?

윤민 아빠　　한 1년 정도는 굉장히 뭐랄까, 사람 만나기가 좀 싫었어요. 친구들도 그렇고 주변 사람들도 그렇고 모든 사람들 다 만나기가 싫더라고. 그런데 좀 시간이 지나니까 '나 혼자 세상을 살아가는 게 아니라'는 생각이 조금씩 조금씩 들더라고. '더불어 가야 되지 않겠나' 생각이 들더라고. 어차피 또 나이가, 인제 50 좀 넘었는데 '사회생활을 해야 되지 않겠나' 하는 생각이 들어가지고, '내가 그래도 남은 가족들을 위해서 움직여야 되지 않겠나' 하는 생각이 들어가지고, 이제 주변 사람들 만나고 친구들 만나고. 그러면서 조금 그 친구들도, 주변에 있는 사람들도 전부 다 똑같진 않은데 그래도 많이 좀 받아주고 얘기를 해주니까. 그런 얘기는 될 수 있으면 내가 하지 말자고, 친구들, 우리끼리 있는 그 얘기만 하자는 쪽으로 많이 유도를 해가지고.

또 개인적으로 생각한 게 뭐냐면 '내 주변에 있는 친구들이나 주변에 있는 사람들한테는 현실을 제대로 좀 알리는 게 바람직하지 않나' 하는 생각이[생각을] 갖게 되더라고요, 내가 스스로. 그래가지고 욕하는 사람은 주변에, 우리를 욕하는 사람이나 우리를 오해하는 사람들은 없어도 그래도 '우리 가족들이 일하는 데는 도움이 되지 않겠나' 하는 생각이 들더라고. 그래서 내가 얼만큼 능력이 있어 가지고 되는 건 아니지마는 그래도 '내 주변에 있는 사람만큼은 그래도 이런 부분에 대해서는 제대로 좀 알리는 게 낫다'고 생각이 드는 거야, 나는. 그래서 지금 만나고 나를 아는 놈들은 그거에 대해서 오해하는 놈들이 없으니까.

면담자	주변 사람을 설득하는 게 제일 어렵잖아요.
윤민 아빠	제일 어렵지.
면담자	차라리 낯선 사람보다.

윤민 아빠   낯선 사람보다 더 어렵지. 그게 힘들어요. 근데 그중에서도 동창 놈들 중에 한 놈이 또 이제, (촬영자를 보며) 귀 막아요. 좆같은 소리 하는 놈이 있어 가지고 한참 또 싸웠어요. 근데 어차피 내가 이겨내야 될 거니까. 내가 주변에서, 그놈을 아는 놈보다 내가 아는 놈이 더 많으니까. 내가 아는 놈 더 많은 놈들한테 이해를 시키면 되잖아. 그럼 내가 이기잖아. 그렇게 이제 조금 마음을 바꿨지.

면담자   지금 웃으면서 말씀하시지만, 그 마음 바꿀 때까지 마음고생 많이 하셨을 거 같은데.

윤민 아빠   그치, 쉽지 않아.

면담자   아버님의 정치 성향은 어떠셨나요? 투표하는 쪽이요.

윤민 아빠   나는 오로지 저기였어. 보수파였어.

면담자   한나라당 쪽이요?

윤민 아빠   어, 보수파였어. 노인네한테 교육을 어떻게 받아가지고 당연히 그런 줄 알고. 나는 '[보수파를 지지하는 것이] 당연하다'는 생각을 많이 가졌어.

면담자   원래 안산 쪽이 좀 보수적인 편이에요?

윤민 아빠   아니, 안산은 안 그래요, 보수적인 편[이 아니에요].

면담자   안산은 아니에요?

윤민 아빠   안산은 저기 하지. 안산의 인구 분포를 보면, 여기 사는 사람이 한 30프로[가] 호남 지방 사람이 한 30프로[가] 충청도, 나머지 지방 사람이 30프로 이렇게 돼. 그러니까 선거를 나오게 되면 충청도, 경기 이런 쪽에 있는 사람들의 투표에 따라 가지고 많이 저거[당선] 되거든.

면담자   왔다 갔다.

윤민 아빠   왔다 갔다 하는 거야. 거의 야당 쪽이 많이, 거의 되는 이유가 뭐냐면, 야당 쪽이, 토박이들이 많이 줄어들고서 야당 쪽 인원이 많이 늘었어. 호남 쪽 인원이 많이 늘고 또 이제 중립적인 사람들 중에서도 그쪽, 좀 진보 쪽이랄까, 여기 공단이 형성되면서 진보 쪽으로 생각하는 사람들이 많아.

면담자   아버님도 스스로 안산에서 토박이 느낌인 거죠?

윤민 아빠   지금은 나처럼 30년 된 사람이 거의 없으니까.

면담자   투표를 잘 하시는 편이셨어요?

윤민 아빠   나는 한 번도 안 빼 먹었어, 지금까지.

면담자　　　보수 성향에서도 열성적인 것과 온건한 지지는 다르 잖아요.

윤민 아빠　　　그렇지.

면담자　　　그럼 약간 열혈 보수셨던 건가요?

윤민 아빠　　　사건 나기 전까지는 완전히 짱구 짓을 많이 했지.

면담자　　　신문도 조중동[≪조선일보≫, ≪중앙일보≫, ≪동아일 보≫] 쪽 보셨나요?

윤민 아빠　　　그쪽 신문만 봤으니까.

면담자　　　나중에 후회가 좀 되셨겠어요.

윤민 아빠　　　엄청 후회를 했지.

면담자　　　윤민 어머님의 정치 성향도 아버님과 비슷하나요?

윤민 아빠　　　거의 비슷했어요. 우리는 오로지 그냥 이쪽[자유한국 당 또는 보수 진영]. 이쪽[민주당 또는 진보 진영]은 거의 귀에 안 들어 오고, 이쪽[자유한국당 또는 보수 진영]만 당연히 [지지]하는 걸로 그 렇게 알고 있었지.

면담자　　　친구분들도 정치 성향이 비슷하지 않나요?

윤민 아빠　　　친구들도 거의 좀 그런 편이지. 근데 서울 금천구에 있는, 거기 시흥초등학교라고 있는데 그 학교, 초등학교의 역사가

꽹장히 깊어. 지금 100년이 넘었어. 내가 62, 62회면은 62회 졸업
생이야. "시흥초등학교 몇 년 졸업생이세요?" 그러면 나이가 딱 나
와. 어떻게 그렇게 맞아. 제대로 들어갔으면 맞아. 거기 원래 보수
적이었는데, 지금은 금천구청장이라든가 다 우리 선배들 출신인
데, 다 선배들인데 다 지금 진보 쪽에, 야당[민주당] 쪽에서 다 출마
해서 당선되고. 손학규도 그래서 시흥초등학교 선배예요.

면담자　　　　손학규가 그 동네 출신인 걸 몰랐어요.

윤민 아빠　　　시흥초등학교. 40, 40 몇 회인가.

면담자　　　　정치 성향이 많이 변하셨겠어요.

윤민 아빠　　　그치.

면담자　　　　지난 1년 동안.

윤민 아빠　　　예, 예. 요즘에는 내가 지방에 뭐 간담회라든가 아니
면 행사가 있어서 내려가면 젊은 친구들한테 많이 부탁을 하지. 젊
은 사람들이 투표를 많이 하고 생각을 좀, 사회에 대해서 관심 없
는 거보다는 관심을 갖고. 어차피 당신들도 크면 결혼을 하고 가정
을 꾸리고 이렇게 보면은 나중에 이 사회에 대한 거를 알게 되는
데, 그때 되면 많이 늦으니까 가능하면은 좀 관심을 갖고 본인이
행사할 수 있는 권한을 행사를 하라고 얘기를 많이 해요, 젊은 사
람들한테.

면담자   요새도 지방에 많이 내려가시나요?

윤민 아빠   지역에서 [간담회나 행사가] 있으면 거의 가는 편이에요, 연락 오면. 대구를 많이 가, 대구를.

면담자   대구 쪽으로요?

윤민 아빠   대구하고 거기 시민연대하고 우리하고는 인연이 좀 돼가지고. 얼마 전에 지난주에도 갔다, 지난준가? 언제냐, 지지난준가 갔다 왔지.

면담자   4·16연대나 가협[4·16세월호참사가족협의회] 차원에서 지역을 나눈 건가요? 아니면 개인적인 인연으로 가셨나요?

윤민 아빠   작년에 우리가 사고 나고 8월 달엔가 9월 달엔가 전국투어 서명운동 했잖아.

면담자   네, 네.

윤민 아빠   그때 반별로 돌아가는데 우리가 한 게 어디냐면 울산 그다음에 대구.

면담자   3반 분들이 그쪽을 가셨군요.

윤민 아빠   울산, 대구, 청주였다고. 그때 이제 대구는, 우리는 솔직히 말해서 "야, 그 꼴통 동네 가면은 우리가 서명이나 제대로 받을 수 있겠나", 근심 반 걱정 반 해서 갔지. 근데 의외로 거기서 사람들 만나면서 '어, [내가 생각했던 것이] 아니다' 생각이 드는 거야. 그래서 6반도 갔었는데 의외로 우리 3반하고 인연이 돼가지고 계속 우리는 그쪽에서 행사 있다면 내려가고 그쪽에서 올라오고. 그러다 보니까 좀 많이 유대관계가 좋아졌지. 그래 가지고 어떨 땐 한 달에 한 번, 이 정도는 왕래를 하고. 이번 11월 달에도 갔, 11월 달, 10월 말엔가 갔다 왔고. 그다음에 12월 달에, 12월 19일 날 거기서 저거[송년회] 한다고 오라 해서 우리 12월에 가게 되고.

면담자　　　3반에서 활동하는 아버님들도 좀 계신가요?

윤민 아빠　　　몇 분 있어요, 몇 분. 그래서 가장 지금 많이 하는 게 피케팅인데, 교육청 피케팅하고 뭐 금요일 피케팅하고. 나 빼고서 지금 한 3, 4명 정도 더 되는데, 이게 뭐냐면 집행부에 있는 사람들 빼면은, 합치면 더 되고, 예은이 아빠도 우리 반이고 사무처에 있는 담비 아빠도 우리 반이고, 이런 사람들 넣으면은 좀 더 되고, 주기적으로 하는 사람들은 한 4, 5명 된다고 보면 되겠네.

면담자　　　수학여행을 제주도로 간다는 건 미리 이야기를 들으셨었나요?

윤민 아빠　　　쪽지[수학여행 신청서]는 받았죠. 쪽지는 받아가지고 사인을 해줬으니까.

면담자　　　수학여행을 간다고 해서 미리 더 특별히 해줘야 된

다거나 이런 게 있었나 여쭤본 겁니다.

윤민 아빠   아니. 그때 자기[윤민이]가 나한텐 얘기 안 하고 자기 엄마한테 가서 입을 옷하고 이런 거를 얘기를 했었나 봐. 지가 인터넷에서 들어가서 신청해 가지고 옷 사고. 인터넷뱅킹이라든가 텔레뱅킹을 못 하니까 내가 텔레뱅킹하고. 그런 거는 기억을 해.

면담자   수학여행 당일에도 평범한 일상을 보내셨던 거죠. 수학여행 얘기는 다음에 함께 말씀을 나누겠습니다.

윤민 아빠   그래요, 그러면.

면담자   오늘은 여기까지 하겠습니다. 감사합니다.

윤민 아빠   네.

면담자   예, 수고하셨습니다.

2회차

2015년 11월 26일

1
시작 인사말

면담자 　　　본 구술증언은 4·16 사건에 대한 참여자들의 경험과 기억을 기록으로 남김으로써 이후 진상 규명 및 역사 기술에 기여하고자 합니다. 지금부터 최윤민 학생의 아버님인 최성용 씨를 모시고 증언을 시작하겠습니다. 오늘은 2015년 11월 26일이고요. 시각은 2시 반이고, 장소는 종각에 있는 마이크임팩트입니다. 면담자는 임광순이고, 촬영자는 이정수입니다.

2
근황

면담자 　　　오늘 날씨가 많이 추워졌네요.

윤민 아빠 　　　추워도 나는 여기 와가지고 따뜻한 데 있는데 마누라하고 또 우리 소연 아빠는 [광화문 분향소에서] 떨고 있어 가지고 걱정이네.

면담자 　　　분향소를 지키시는 거죠?

윤민 아빠 　　　네, 분향소.

면담자 　　　요새는 사람들이 많이….

윤민 아빠   오늘은 좀 적네. 지난주까지는 사람들 많이 와가지고, 학생들 많이 모이고 이래 가지고 기억, 기억공간? 거기서 앉아가지고 같이 간담회하고 그랬었거든요. 오늘은 날씨가 이래서 이런지 많이 안 온 거 같네.

면담자   광화문에는 3반 분들이 정기적으로 얼마나 자주 오시나요?

윤민 아빠   우리는 목요일. 광화문은 우리 3반이 목요일 날 해요, 3반만.

면담자   3반만 목요일에요?

윤민 아빠   예, 예. 다른 반들은 섞어서 오는데 저희 반만 광화문에 목요일 날. 오늘 온 팀 말고 또 우리 엄마들도 있어요. 그러면 다음 주 목요일 날은 그 엄마들이 해서 한 네다섯 분들이 또 올라와요.

면담자   아버님도 2주에 한 번 정도는 광화문에 오시는 거예요?

윤민 아빠   행사가 있거나 지난번에 1차 궐기대회라든가 우리 세월호 관련된 거 있으면은. 저는 정해진 날은 없고, 그렇게 행사가 있다 그러면 와이프한테 연락받고 공지 바로 뜨면 저는 올라옵니다.

면담자   오늘은 진도와 팽목 상황을 여쭤볼 건데요. 말씀드린 것처럼 말씀하실 수 있는 만큼만 해주시면 돼요. 무리하실 필요 없고요.

윤민 아빠   네.

3
소식을 접하고 진도에 내려가 초기에 겪은 경험

면담자   16일 당일에 어떻게 연락을 받으셨는지요.

윤민 아빠   그때 저는 직장에 나와 있었고 와이프도 □□마트에 일을, 그 당시에 정규직으로 했나? 알바, 아니, 알바가 아니고 □□마트에 일을 다니고 있었어요. 그날 내가 먼저 나가고 와이프가 다음에 나가고 옆집에 있는, 우리 옆집 애기 엄마가 저희 와이프한테 전화가 왔었어요. 왔어가지고 "큰일 났다"고, "언니, 저기 막내딸 단원고 아니냐"고, "맞다"고 했더니 "지금 단원고 탄 배가 진도 앞바다에 침몰하고 있다"고. 그 연락을 받아가지고 저한테 전화가 왔었어요. [회사에서 납품하러 나간 것이] 8시 50, 9시 3분에[는 문자를 보내면서] 나갔으니까, 8시 40분에서 50분 사이에 전화가 저한테 왔어요. 와가지고 그 얘기 듣고서 윤민이하고 통화한 내용을 저한테 얘기해 주더라고요.

얘기해 주고, 그래도 개인적으로 저는 굉장히 찝찝했어요. 찝찝해 가지고, 회사에 사장, 그분들 다 아니까, 회사에 TV는 없고 인터넷이 있거든요. "[사무실에서] 인터넷 방송 좀 틀자"고 했더니 "왜 무슨 일 있냐" 그러기에 자초지종을 얘기했더니 틀었어요. 그때 마침 제가 회사 근처에 물건을 좀 갖다 줘야, 납품을 해야 될 게 있어 가지고, 제가 납품을, 화물차에 싣고 가야 돼가지고 9시, 아니 8시 50분 지나서 제가 윤민이한테 전화를 했는데 전화가 꺼 있었어요. 안 받고 그래서….

면담자   그때가 어머님하고 통화한 이후죠?

윤민 아빠   이후에. 내가 통화를 할라고 했는데 안 받고, 그래서 바로 9시 3분인가 내가 문자를 보냈어요, "괜찮냐"고. 그런데 답이 없었거든요. 일단 와이프한테 그런 얘길 들었고, 우선은 '그 큰 배가 큰 문제가 있겠냐' [하고] 납품을 하고 회사 왔는데 그때 MBC인가 방송국에서 "전원 구조" 이렇게 얘기가 나오기 시작했어요. 방송도 그렇게 나오니까 8시, 9시, 11시, 10시 좀 지나가지고 그래도 좀, 굉장히 마음이 좀 [안 좋았어요]. 10시 전에 그 방송이 나온 거 같아요.

그래서 10시 쯤 돼가지고 사장한테 "도저히 안 되겠다. 나 학교에 좀 가봐야 되겠다" 얘길 했더니, 사장이 "그럼 갔다 와라" 그래 가지고 정리하고 옷 갈아입고 나오면서 와이프한테 전화를 한 거죠. "아무래도 좀 이상하다 학교를 가봐야 되겠다" 이랬더니 "다 전원 구조 됐다는데 뭐 가보냐", "아무래도 마음이 좀 이상하다. 내가 학교를 가보고 나서 연락을 해주겠다" 이러고 학교를 왔어요. 학교 오니까 11시 좀 넘었죠? 단원고 행정실 들어가니까 그때 막 사람들 있고 경찰도 있고 해가지고 굉장히 어수선했어요. 어수선했는데 내가 옆에서 이렇게 계속 얘기 듣고 물어보고, 옆에서 엄마들이 막 물어볼[보고 있어서], 저는 물어볼 저기[상황]가 안 됐어요. 하도 아줌마들이, 엄마들이 떠들고 이래 가지고 경찰들도 완전히 뭐, 우왕좌왕하고 어수선해 가지고.

그때 버스 타고 내려간단 얘기들을 많이 하더라고요. 그래서 '나도 버스 타고 내려가서 애들 봐야 되겠다' 하는 생각이 들어가지고 그때 이제 전화를 했죠. 와이프한테 전화를 해가지고 "나 지금 아무래도 진도를 내려갔다 와야 되겠다" 그랬더니 "가는 차편이 있어?" 그래서 "학교나 안산시에서 버스를 대주는, 지금 대주는 것 같다. 그거 알아보니까 11시, 1시쯤에 버스가 내려간다 그러더라" 그랬더니 그럼 자기도 가재요. 그래서 그때 기다렸다가 [함께] 타고 내려갔죠.

면담자	당시 단원고에 가신 것도 연락받고 가신 게 아니라….
윤민 아빠	아, 제가 간 거예요.
면담자	느낌이 안 좋아서 혼자 가신 건가요?

윤민 아빠   저는 그냥, 제 느낌이 이상해서 갔어요. 아무래도 좀 기분이, 와닿는 게 굉장히 좀 뭐랄까, 불안하다고 얘기하긴 좀 그렇고, 머릿속에서 정리가 안 되고 가봐야 되겠단 생각이 들더라고요. 그래서 만사를 제껴놓고 얘기하고 가면서 와이프한테도 전화하고. 그다음에 와이프가 "왜 가냐"는 식으로 얘기하더라고요. "내가 마음이 좀 그렇다". 내가 지금 학교 와서 전체적인 돌아가는 얘기를 듣고 그래도 좀 마음에 한구석에 정리가 안 되더라고. 그래 가지고 "야, 내가 아무래도 좀 내려가 봐야 되겠다" 해서 같이 내려가게 된 거예요. 내려가면서 우리는 별일 없을 거라 생각했으니까, 전부 다. 근데 중간에 버스 안에서 어떤 엄마가 딸내미하고 통화하는 내용이 언뜻 들렸어요. 그렇게 당연히 그런 게 통화한 거라 생각하니까 귀담아 안 듣고 '우리 윤민이는 핸드폰 빳데리가 다 돼서 연락이 없는 것 같다' 하는 생각이 들고, 그냥 무작정 내려가게 된 거죠.

면담자   내려가실 때는 반별로 내려가신 거예요?

윤민 아빠   아니, 그때는 무작위로.

면담자   전원 구조가 아니라는 거를 진도에 내려가는 길에 아셨다고요.

윤민 아빠   중간중간 버스 안에 있는 그 모니터[텔레비전] 보고선 전부 다 설마 했어요, 설마. 저게 맞나 안 맞나. "전원 구조 됐다"는 얘길 하고 아니면, 중간에 '아니다, 절대 그럴 리 없다' 전부 다 부모라는 사람은 다 그 생각이 들고서 내려갔을 거예요. 이렇게 될 거라고는 아무도 생각을 못 했죠.

면담자   진도에서 처음에 도착하신 곳이 어디인가요?

윤민 아빠   도착, 바로 우리는 내려준 게 진도체육관에 내려줬어요. 진도체육관 내려줘 가지고 딱 가서 가장 먼저 본 게 뭐냐면 화이트보드, 바깥에 체육관 앞에 있는 화이트보드에 애들 이름 있는 거. 가장 먼저, 내린 사람들 다 거기 먼저 가가지고 이름 먼저 확인했으니까.

면담자   생존자 명단 말씀하시는 거죠?

윤민 아빠   예, 예.

면담자   처음 도착하셨을 때 진도체육관에는 사람들이 얼마나 있었나요?

윤민 아빠   그때 막 내려온 사람도 있었고 그다음에 막 들어온 사람도 있었어 가지고 굉장히 좀 어수선했죠.

면담자   그때도 이미 사람들 많고 어수선하고.

윤민 아빠   예, 많이 있었어요.

면담자   네. ○○는 17일에 내려갔다고 알고 있는데요.

윤민 아빠   ○○하고 △△, 딸내미들은 다음 날[17일] 내려왔어요.

면담자   그다음 날 내려오라고 하신 거예요?

윤민 아빠   아니, 아니요. 지네들이 내려왔어요.

면담자   상황이 안 좋게 돌아가는 거 알고 내려온 거예요?

윤민 아빠   그쵸. 그런 거 같애요.

면담자   내려가실 때는 부모님들이 반신반의하면서 내려갔다고 했는데, 문제가 심각하다고 느낀 건 언제부터인가요?

윤민 아빠   일단은 그거[화이트보드]를 보고 나서 그 안에서 누구 하나가 정보라든가 상황이래든가 이렇게 [정리]해주는 사람이 있었으면 좀 좋을 텐데 그런 사람이, 앞에서 얘기하는 사람은 가족들이 와서부터 고성이 오가고 굉장히 살벌한 분위기에, 그런 사람도 없었고. 다 목소리 큰 사람들이 얘길 하는 상태에서 '거기 있으면 도저히 모르겠다'는 생각이 들어가지고 제가 와이프한테 "팽목으로 가자"[고 했어요]. 팽목으로 가는 버스가 8시 반인가? 팽목, 진도 뭐 없었는데 누구 하나가 "버스가 있다"고 얘기하더라고. 그래서 그거 타고서 무작정 팽목으로 갔죠. 팽목에 가서 보니까 거기도 우리 가족들하고 기자들, 뭐 어중이떠중이들이 있는 거 같았어요, 하여간. 누가 누군지 모르겠고 관심도 없었으니까. 일단 워낙 많은 사람들이 있다 보니까 거기서 부모들이란 사람들이 얘기하는 거 듣고 가서 물어보고 이러다 보니까 '야, 이게 쉬운 문제가 아니구나, 심각하구나' 이런 얘기를 가서, 팽목에 가서 알게 된 거죠.

면담자   아버님과 어머님은 팽목에 계속 계셨나요, 아니면 체육관을 왔다 갔다 하셨나요?

윤민 아빠   저희는 왔다 갔다 했어요.

면담자   왔다 갔다 하시면서 지내셨군요.

윤민 아빠   예, 예. 팽목에서 날이 어두워지고 배가 안 들어오니까, 그때 가족분들이 이제 해경 책임자 나온 놈한테 "어떻게 된 거냐, 얘기 좀 해라"[고 했어요]. 그 애[해경 책임자]도 이런저런 얘길 하고 "지금 구조 작업 하고 있습니다" 이런 얘기를 우리가 도착할 때부터, 그 전에 우리 부모들 입에서, 계속 그런 얘기를 해주는 거야. "지금 구조하고 있습니다, 구조하고 있습니다"[라고] 말로만. 그니까 우리 가족들이 10시 지나서 "우리가 가봐야 되겠다. 배를 해줘라, 대줘라", "안 된다, 껌껌해서 안 된다" 그 실랑이를 하면서 12신가 그때 해군들 123, 123정인가, 해군 저기 그 고속정을, 고속정? 어, 맞어, 고속정을 한 대 빌려가지고 30 몇 명이 타고 갔나. 그리고 또 한쪽에서는 부모들이 어선을 하나 빌려가지고 거기도 한 3, 40명 타고 가가지고 현장을 갔다 와가지고 얘기를 해주는, 갔다가, 전부 다 거기서 기달리고 있으니까 그 사람들이 와가지고 얘기를 해줬어요.

방송에서 나온, 그 당시에는 방송에선 "지금 배가 수백 척 있고,

잠수부가 수백 명이 구조 작업을 하고 있습니다" 이렇게 방송이 계속 나올 때거든요. 우리가 가족이 갔다 오고 나서는 "지금 방송에 나오는 건 다 거짓말이다. 가서 보니깐 구조하는 배도 없고 아무도 없다". 그래서 또 한 번 거기서 난리가 나가지고, 그때 당시에 제가 알기로는 해경이나 이런 놈들 다 도망간 걸로 알고 있어요. 그때 아마 있었으면 맞아 죽었을 거니까. 그렇게 얘기가 나와가지고 굉장히 험악한 분위기가 연출되면서 한쪽에서는 "아, 우리 이러지 맙시다", 하여간 워낙 많은 사람들이 있다 보니깐 그렇게 얘기하는 사람이 있었고, "우리 저놈들 불러가지고 어떻게 된 건지 다시 한 번 저거 합시다[물어봅시다]"라는 사람도 있었고. 하여튼 간에 굉장한 고성과 서로 간에 목소리 큰 사람들 마이크 잡고 이러쿵저러쿵 돌아가면서 계속 그 얘기 떠들어. 그게[그런 상황이] 어차피 뭐 그다음 날까지 계속 갔으니까.

저희는 와이프한테 "야, 이거 도저히 내가 보기에는 하루 이틀 걸릴 거 아닌 거 같은데, 당신도 저거 해야 되니까 일단 진도체육관을 가가지고 조금 앉아 있다 오자", 그래서 새벽 4신가? 진도체육관 간다는 차가, 사람들이 막 왔다 갔다 하는 사람들이 있어 가지고 차를 얻어 타고 가고 거기서 다시 온 걸로 기억을 하고 있는데.

그 당시에 우리가 팽목에 있을 때 해군 고속정이 한 대가 우리 있는 데다가 다시 이렇게 빼가지고 이쪽 우리들은 팽목에 분향소 있는 데 이쪽에 배를 댄 게 있거든요? 근데 이 배가 나중에 알고 보니까 댄 데 중에 우리 애들[희생자들] 건져가지고 목포로 간, 목포병원으로 바로 뺀 거, 그 뺀 거 같애. 이 생각이 들어요, 지금 와서 생각, 정리를 해보니까. 그때부터 애들이 살아서 나온 게 아니고, 그때는. 그게 아마 처음인 거 같아요. 나중에 쭉 정리를 해보니까. 그때 그 배에서, 여기가 워낙 지금 분위기가 험악하니까.

면담자　　　거기로 내릴 수 없으니까 [아이들을] 빼려고.

윤민 아빠　　　그거 뺀 거 같애. 부모들이 빌린 배도 가가지고 와서 똑같은 얘기를 하니깐 그때부터 이제 팽목은 하고[난리가 나고]. 이제 진도체육관에도 와서 얘기를 하니깐 그때부터 진도체육관하고 팽목은 난리가 난 거죠.

면담자　　　그때는 반별 모임이 생기기 전인 거죠?

윤민 아빠　　　어떤?

면담자　　　반별 모임.

윤민 아빠　　　아, 그때는 그런 반별이란 게 없었어요. 그때는 무조건 다 저거, 한 세트거든요. 언제 반별이 되기 시작했냐면 3일 지나고 4일째 되는 날? 우리가 생각하기에도 이상한 사람들이 막 있는 거예요. 맨 첫날 마이크 잡고 이러고, 둘째 날 마이크 잡고 이렇게 나와서 설치고, 설레발치고 이런 사람들이. 3일째 되는 날, 4일째 되는 날 부모들끼리 얘기한 게 "우리는 애들 반이 있으니까 반별로 저거[모임] 합시다" 그래서 명찰 만들기를 시작했어요. 그때 명찰 만들면서 사람들이, 그렇게 설레발치고 이런 사람들 한 명 한 명 다 빠져나가기 시작한 거예요. "부모 아니면 와서 얘기하지 마라. 삼촌도 필요 없다" 그래서 그때 부모한테만 명찰을 만들어가지고 명찰 보고서 그다음에 같이 모여가지고 얘기하고. 그렇게 한 걸로 기억이 나요. 그래서 각 반마다 해가지고 "그러면 임시로 반에 대표를 맡아서 할 수 있는 사람이 먼저 맡아서 하자"고 그렇게 해가지고 반대표끼리 만나서 얘기한 게, 제가 알기로는 3, 4일 지나가지고 그렇게 된 걸로 알고 있어요.

면담자　　　다른 몇 분들은 고속정도 타고, 어선 타고 갔다 오셨다고 했는데.

윤민 아빠　　　그렇죠, 그게. 예, 예.

면담자　　　사고 현장이 팽목항 바로 앞도 아니고 다녀오는 거리가 멀잖아요.

윤민 아빠　　　저는 그다음 날 운항선, 진도에서 운항되는 배를 타고 갔었거든요. 그 배를 타고 가니까 2시간 정도 걸리더라고요. 근데 그 고속정은 1시간이면 간다 그러더라, 90분 걸리더라고요. 그래서 어선도, 제가 동거차도 들어갈 때 그 어선을 탔는데, 고깃배를, 그거 타니까 90분이면, 50분이면 가더라, 50분. 그러니까 운행하는 여객선은 두 배 이상 걸리고 고속정이랑은 어선은 1시간 반 정도밖에 안 걸리더라고요. 그래서 그때 당시에 그걸 타고 갔다 온 거 같은 생각이 드는 거예요. 해군 고속, 함정도 고속정인가… 그런데 갔대… 갔다가 얘기를 할 때 뭐냐면 50분 정도 걸렸다고 얘기하더라고요. 올 때도 50분 정도 걸렸고. 시간 재는 사람이 있었으니까. 그리고 어선 타고 갔다 오신 분도 그 정도 걸렸다고 얘길 하고.

그러면서 그 사람들 얘기하는 게 선장한테 얘기 들은 거 쭉 해준 거예요. "여기서 팽목에서 가까운 거리가 아닙니다" 그러면서 "여러분들 가실래요. 그러면은 여기서 일반[여객선] 타고서는 2시간 정도 나가셔야 됩니다" 그 얘기를 했네. 그래서 거기서부터 주저앉게 되는 분들도 많이 있어요. 가겠단 얘기를 못 하는 게 뱃멀미를 하는 사람이 있고 몸이 이렇게 전부 다 틀린데. 그니까 "너무 멀다"고 하니까 "그럼 어떻게 해야 되나", 가족분들이 이러지도 저러지도 못하고 이런 와중에 거기서 뭘 좀 해보겠다는 사람들이 나서, 나와가지고 마이크를 잡고 얘기를 하고 "이렇게 의견을 합시다, 저렇게 합시다." 워낙 많은 사람들이니까 그게 한 목소리가 되나요? 안 되지.

면담자　　　아이들이 돌아오지 않은 상태에서 첫날밤이 가고 있었잖아요. 부모님들 마음이 조급하셨을 것 같은데요.

윤민 아빠　　　그때는 우리는, 거기 있는 가족들은 다 어떻게 생각하냐면 '그 근처에 섬에서 있다'고 생각하신 분들이 거의 다고.

면담자   아이들이 배에서 나와서 근처 섬에 있을 거다?

윤민 아빠   그렇죠. 그리고 '그 큰 배가 저거[침몰] 했는데 설마 저거 했겠나' 이런 생각이 들어가지고. 첫날, 이튿날, 3일까지는 그[안 좋은] 생각을 갖고 있는 부모들이 없었어요. 왜 또 그러냐면 첫날 팽목에 갔다 진도체육관에서 밤을 새는데 뒤에 있는, 옆에 있는 엄만가, 뒤에 있는 엄마가 딸내미하고 카톡[카카오톡]하는, 계속 주고받은 얘기를 했었거든. 그래서 아직까지 괜찮은가 보다 그 생각이 들었거든.

그래도 뭐 옛날 영화 보면 잠수사들이 들어가 가지고 애들 끄집어내고 이런 것들은 다 영화로 본 상태고, 다 그렇게 하는 걸로 알고 있으니까. '저렇게 구조를 하고 있다고 얘길 하니까 그렇게 하겠지' 이런 생각만 다 갖고 있었지, 이렇게 될지는 아무도 모른 거예요. 이런 큰일이…. 그거는 영화 속의 한 단편이지 현실은 그렇지 않다는 거를 나중에 3일 정도 지나고 나서는 그때부터는 부모들이 알게 된 거죠.

면담자   첫째 날, 둘째 날, 셋째 날에는 체육관에 쉴 수 있는 구역이 나눠져 있었나요, 아니면 그냥 가서 엉덩이 붙이고 앉으면 자기 자리가 되는 상황이었나요?

윤민 아빠   "무조건 엉덩이 붙이고 앉으라"고 해서 거기서 그냥 한 거예요. 그니까 여기는 뭐 누구 자리, 누구 자리 그게 아니고요, 처음에 와가지고 그 자리. 처음에 이쪽 가생이[가장자리]부터 쭈욱 앉았는데 나중에는 가운데 길만 다닐 수 있게끔 만들고, 사람들 계속 들어오니까. 들어오고서 기다려야 되는 게 언제까진지 모르니까, 그 자리에 앉으면서 있다 보니까 이제 자원봉산가 적십잔가 하여튼 간에 그때 바닥이 차고 하니까 모포도 갖다 주고 조금씩 저녁 때 되니까 매트리스도 갖다 주고. 그래서 깔고서 앉던 자리가 그냥 그 자리가 돼버린 거야.

면담자   나중에 이게 문제가 됐었잖아요. 가족분들이 피난민도 아니고 완전히 다 노출된 상황이었고요. 결국 진도체육관에서 처음 앉았던 그 자리가 끝까지 쭉 가게 됐단 말씀이신 거죠?

윤민 아빠   그 자리가, 쉽게 얘기하면 우리 자리가 돼버린 거예요. 우리 자리가 돼버리고 팽목에서 자리 잡은 분들은 팽목에서 그 자리가 잡게 된 거고. 팽목 같은 경우는 가보면 천막이나 이런 게 없었어요. 간이 천막 하난가 두 동인가 있어 가지고 사람들이 거기서 다 기거할 수 있는 여건이 안 되더라고. 와이프는 그렇게 건강한 편이 아니니까 내가 "야, 도저히 여기서는 밤샐 수가 없는 거 같다 일단 갔다가 다시 오자"고 얘기를 해서 우리는 일단 빠지고.

    그날 밤 팽목에서 잔 사람들은, 그때 새벽에 비가 많이, 비가 조금씩 왔었거든. 안 되겠다 해서 우리는 [체육관으로 귀환]했고, 그다음 날은 비가 많이 왔거든. 그날 가니까 새벽에 가니까 비 맞고 바깥에서 사람들 왔다 갔다 하고. 앉아서 계신 분, 거기서 밤새고 계신 분, 하여튼 간에 생각하고 싶지 않은 행색하고 거기서 노숙하신 분들이 엄청 많으니까. 그렇게 하고 싶은 생각이 없어서, 자세하게 설명은 좀 그렇고. 그니까 그렇게 뜬눈으로 밤을 새우게 된 거예요.

나중에 얘기를 먼저 덧붙여서 얘기를 해보고 싶은 게 뭐냐면, 대한민국에서는 내가 막상 이런 경험을 하고 나니까는, 방송에서는 그렇게 얘기를 많이 하잖아요. "컨트롤 타워 있어 가지고 어쩌고저쩌고 해가지고 일사천리로 이렇게 하겠다" 이러는데, '대한민국은 자원봉사자가 없으면, 대한민국은 어떠한 경우도 해결될 수 있는 일이 없다'라고 생각을 했어요. 지금 생각하니까 '자원봉사자가 있으니까 그나마 지금 이렇게, 그 당시에 부모들이 그나마 도움받고 이렇게 버티고 왔지 않나' 이런 생각을, 제가 곰곰이 뒤돌아서 생각해 보니까 '자원봉사자들이 굉장한 힘이 우리한테 되었구나' 하는 생각이 들더라구요.

면담자   당시에 정신없는 상태에서 다 같이 따뜻하게 말을 나누기는 어려운 상황이었죠.

윤민 아빠   그쵸.

면담자   자원봉사자들 중에 지금 계속 연락이 되거나 그런 가족분들이 계신가요?

윤민 아빠   저는 별도로는 없어요.

면담자   예.

윤민 아빠   저는 별도로는 없고. 그 당시에 정신도 없을뿐더러 저는 자원봉사자들이 주변에서 도와준다라고 하는 거, 그 당시에는 우리 가족들 지금 이제 분향소에서 우리 가족들이 만들고 나서 자원봉사자들이 와가지고 인사하고 [그러는 거지]. 그때부터 아마 지금까지 계속 왕래를 한다든가, 아니면 서로 얘기를 한다든가 그런 분들이 좀 있었지. 그 당시에는 분위기가 모든 게 3일 지나고 나서는 모든 사람들이 다 우리한테, 가족들한테는 다 적이에요, 적. 어느 누구의 말도 우리는 안 믿었어요, 믿을 수가 없는 상태였고, '가족들 얘기 아니면은 안 되겠다'. 전부 다 물어봐 가지고 "가족이냐" 그래서 "가족이 아니다"라고 그러면 얘기를 안 했으니까. 그니까 뭐 봉사자들하고 왕래를 한다든가 얘기를 한다든가 그거는 조금 [어려웠죠].

면담자   기회가 되면 저희도 초기에 봉사활동 했던 분들을 만나 이야기를 나눠보고 싶네요.

윤민 아빠   봉사자들 초기에 만나서, 봉사자도 초기에 욕을 많이 먹었어요. 그 사람들은 순수하게, 지금 생각하면 그 사람들은 순수하게 도와준다고 왔는데. 그 사람들도 그때 분위기를 보고 나서는 거의 말을 안 하고 그냥, 쉽게 얘기하면은 가족들을 위해서 봉사, 진짜 봉사죠. 쓰레기 치워주고, 뭐 해주고, 뭐 해주고. 먹을 거 있으면 와서 해주고.

면담자   음식 갖다 주고 쓰레기 치워주고 이런 걸 했나요.

윤민 아빠   밥도 갖다 주고 그랬어요. 3일째 되는 날까지는 거의 밥을 안 먹었으니까. 그러니까 갖다 주더라고요, 밥을.

면담자   그런데 아버님 기억에는 3일째 되던 날 이후에 분위기가 많이 변했다는 거죠?

윤민 아빠   그게 꼭 3일이 아니고 시간이 지나가면서 사람들이 3일째 되는 날 많이 포기하더라고.

면담자   그게 밤에 진도대교를 건너셨던 날인가요?

윤민 아빠   그때는 왜냐면 진도가, 우리가 가게 된 게 언제냐면은 17일 날인가, 그때가 며칠이냐, 정홍원, 정홍원 국무총리가 내려온 날이에요.

면담자   예.

윤민 아빠   그날이 16일인가, 저녁인가, 17일 날 저녁인가? 박근혜가 18일 날 내려왔죠? 17일 날 내려왔나, 18일 날 내려왔나?

면담자   17일에 내려왔죠.

윤민 아빠   정홍원 왔을 때, 정홍원, 정홍원 국무총리 왔을 때 우
리가 가족들이 막 질문하고 뭐 하고 하니까 거기에 대해서 말을 제
대로 못 하고 언론, 저기만 얘기해 가지고 우리가 "그러면 당신이
책임 못 지겠다, 지금 뭐 국무총리가 그 정도면 책임과 권한이 없
다"고, "우리가 그럼 청와대 가겠다". 그래서 나온 거거든, 그때가.

면담자   아버님도 그때 같이 가셨어요?

윤민 아빠   나도 나왔다가….

면담자   진도대교.

윤민 아빠   예. 나는 진도대교까지 안 갔어요. 막고 이래 가지고
'이거 가봤자 얼마 못 가서 다시 빠꾸당한다, 이게 지금 뭔가', 저
는 저 나름대로 '이거는 뭔가 굉장히 큰일인 거 같다' 이런 생각
이 들어가지고, '우리가 나가서 해봤자 우리는 얼마 못 간다' 하는
생각이 탁 들어가지고 가다가 나는 그냥 '진짜 이러다 생고생한다'
해가지고 들어왔거든요. 아니나 다를까. 그다음 날 되니까 다 들어
오더라고요.

면담자   그때는 ○○, △△가 이미 내려와 있을 때였죠.

윤민 아빠   그렇죠.

면담자   애들은 어머님과 같이 체육관에 있었던 거예요?

윤민 아빠   예, 예. 체육관에 있었어요. 우리 동서들도 내려와
있을 때고.

면담자   동서들도 내려왔었어요?

윤민 아빠   예, 예.

면담자   주변에서 어떤 분들이 내려오셨었나요?

윤민 아빠   그다음 날 우리 딸내미들이 둘이 내려왔고. 그다음,
그날인가 우리 동서들이 내려오고, 그다음 다음 날인가 우리 가족.
제 위에 누이, 내 밑에 여동생 이렇게 왔다가 하루 있다 가고. 우리
동서들은 일주일 정도 있다가 다시 올라갔다가 일주일? 일주일이
아니구나. 3일인가 4일 있다 올라갔다가 하룻밤 집에서 옷 갈아입
고 다시 내려왔으니까. 다시 내려와 가지고 윤민이 찾고서 그때 이
제 같이 올라왔으니까. 한 3, 4일 정도 같이 있었구나.

면담자   동서분들은 윤민이 돌아오고 같이 오셨어요?

윤민 아빠   예, 같이 올라왔어요.

면담자   동서지간이지만 그 기간에는 얘기를 나누기에 좀 어
려운 상황이었나요?

윤민 아빠   그쵸. 제 바로 둘째 동서가, 바로 밑에 동서가 해병

대 잠수사 레크리에이션 자격증이 있어요. 그래 가지고 빨리 와가
지고 거기 민간 잠수사를 많이 만나고 왔어요, 민간 잠수사를 만나
보고. 그다음에 민간 잠수사들 중에서도 물어보니까 잠수사 자격
증도 레크리에이션 자격증이 있고 산업용 잠수사 자격증이 있다고
얘기하더라고요. 자기는 "형님, 저는 들어가고 싶어도 자격증이 해
당이 안 돼가지고 못 들어가고, 제 후배 산업용 잠수사 [자격증] 있
는 애 있으니까. 여기 있다고 얘기를 하니까 제가 찾아보고 연락을
드릴게요" 그래 가지고 그 동서 후배 잠수사를 만났어요. 만나가지
고 얘기를 좀 했는데, 그 당시에 얘기를 한 게, 그 잠수사가 저한테
얘기한 게 뭐냐면, 굉장히 화가 나가지고 씩씩대고 그러고서 얘기
하더라고요. "저희도 순수하게 봉사를 하기 위해 왔는데 바지선에
를 갔는데 중간에 다 내쫓았다. 못 하게 하고 다 나가라 그래 가지
고 우리 지금 다 철수합니다" 그렇게 얘길 하고, "다 철수를 합니
다" 해가지고 그 많은 잠수사들이 다 돌아갔어요.

면담자   저희도 서울에서 그런 얘기들을 계속 듣고 있었는데
요. 잠수사들이 많이 다녀가면서 가족분들도 그 상황을 알게 되신
거죠?

윤민 아빠   그렇죠. 저는 알게 된 [거죠]. 저는 또 동서가 선배,
후배들이 있으니깐 그러고 [나서] 선배도 만나보고. 선배도 뭐 나보
다 나이가 많이 먹어 보이더라고. 한 60[살은] 돼 보이더라고. 그 사

람이 거기 대장이라고 얘길 하더라고요. 그래서 그분한테도 얘길 들었는데 그 사람들이 직접 바지선까지 갔다가, 잠수하러 갔다가 나온 그 친구 만나서 얘기를 들었는데 그런 얘기를 하는 거예요. "지금 뭔가 굉장히 문제가 많은 것 같습니다. 제가 잠수사 경험, 잠수를 많이 해봤지만은 여기 오신 분들 진짜 믿을 수 있고 나이 드시고 굉장히 알아주는 사람들 다 왔는데, 다 지금 순수한 마음으로 왔는데 다 쫓겨나다시피 하고서 갑니다, 돌아갑니다", 그렇게 하고 지금 "다 나왔다"는 얘기를 하니까.

그 당시에는 그런 얘기를 들어도 '나라에서 하는 일이 뭐 더 유능한 잠수사가 있겠지' 저는 그런 생각을 했었죠. 더 장비 좋고 기술 좋고 이런 걸 해가지고 [구조]하는 줄 알았죠. 근데 나중에 알고 보니까, "대한민국에서 잠수 장비를 갖고 있는 사람이 왔는데도 내쫓았다"는 얘길 하는 걸 나중에 들으니까, 이 새끼들이 그 당시에 뭐 땜에 저렇게 했지? 이런 게 굉장히 많은 저기를 한 거야. 그러니까 그 당시 얘기하지만 [이야기가] 중간에 왔다 갔다 하는데, 그거 뭐 나중에 알아서.

면담자   괜찮습니다.

윤민 아빠   그 배 안에 워낙 많은 사람들이 있으니깐 그걸 보여주기 싫었던 거 같애, 한두 명이 아니니까. 생각을 해보세요. 그 배 안에 300명이란 사람이 있는데 그 사람들[민간 잠수사들]이 다 눈으로 보고 했다 그러면 과연 가만히 있겠냐고요. 그런 생각이 들더라고요. 그래서 그런지 아니면 그 배에 뭔가 모를 뭐가 있는지는 모르지만, 어떤 게 있어 가지고 지금까지 이렇게 하고 있는지는 나중에 시간 지나면 밝혀졌으면 저도 좋겠고 우리 가족들도 좋겠고, 전 국민들이 알아야 되는 부분이 있지 않나 생각이 들거든요.

면담자   그래서 동거차도로 계속 가서서 [구조 현장을] 감시하고 계시는 거죠?

윤민 아빠   네.

면담자   다 기록 남기시고.

윤민 아빠   기록을 남긴다는 자체가 저는 그런 거 같애요. 개인이 거기에 어떤 주역이 돼가지고 남긴다는 게 아니라 우리 애들을 위해서, 우리 애들이 나중에 이 대한민국의 역사에 중요한 역할이 아니더래도, 그래도 안전 사회를 갈 수 있는 어떤 기틀이랄까 기초가 돼야하고. 그런 게 된다고 하면은, 아마 저뿐만 아니라 부모들 다 저같이 할 거라고 생각을 하거든요.

면담자   진도에서 어머님과 ○○, △△는 체육관에 있고 아버님은 팽목을 왕래하셨나요? 아니면 가족들이 다 같이 체육관 쪽에 주로 계셨나요.

윤민 아빠   체육관 쪽에는 혹시 모르니깐 딸내미들만 남겨놓고 저하고 와이프하고 계속 왔다 갔다 했죠. "우리가 팽목에 가가지고 놓치는 게 있을지 모르니까 니들은 여기서 듣고서 연락을 해라. 우리는 여기서 어떤 상황이 있으면 니네한테 연락을 줄게". 그렇게 얘기를 해놓고 와이프하고 저만 왔다 갔다 한 거죠.

면담자   윤민이가 8일 만에 돌아왔잖아요. 23일 날.

윤민 아빠   예.

면담자   23일에 돌아왔는데 그 사이 얘기를 좀 여쭙고 싶어요. 참사 3일이 넘어가면서 부모님들이 많이 포기하시고 분위기가 안 좋았다고 하셨는데요. 그래도 체육관에서 계속 기다리시는 거잖아요.

윤민 아빠   그쵸.

면담자   그 사이의 얘기를 해주시면.

윤민 아빠   아, 그때가… 잠깐만.

4
윤민이를 찾아 안산으로

윤민 아빠   음…. 그날 4신가 5시쯤인가, 우리 큰딸내미하고 와이프하고 현황판을 보면서 "133번 최윤민" 이렇게 이름을 봤다고

윤민 아빠 최성용

얘기를 하더라고요. 앞에 몇 명 미상, 미상 또 윤민이 뒤로 미상, 미상, 이랬는데 그게 딱 나온 거예요. 그래서 깜짝 놀라가지고 일어나서 팽목항에 가자고 얘길 해가지고, 애들한테는 혹시 모르니까 "니들 여기 있고" 와이프하고 둘이서 팽목을 갔죠. 팽목 가서 현황판을 봐가지고 이름이 있어 가지고 거기 있는 담당자한테 "지금 어딨냐?" 그랬더니 "아직 배에서 안 왔다"고 "기다리셔야 된다"고. 그래서 거기서 한 3시간, 4시간을 기다린 거 같아요. 한 10시 정도, 배가 한 10시 정도에 도착한다고, 그쪽에서 연락하더니 "10시 정도면 도착할 거 같다"는 얘기를 하더라고요. 그래서 그 사람한테 물어봤어요. "어떻게 다른 사람들은 다 미상인데 우리 윤민이만 있냐" 했더니 "목에 학생증이 있다"고(울음).

저희가 10시 40, 반 정도 되니까 그때 윤민이가 도착해 가지고 저쪽으로 갔죠. 가가지고 금방은 못 들어가고 좀 기다리라고 얘기를 하더라고. 2, 30분을 기달린 거 같아요. 기달려가지고 처음에 저하고 와이프가 못 들어가고 처남이 먼저 들어갔다가 나오면서 윤민이가 아니라고 얘기를 하더라고요. "그럴 리가 없다" 해가지고, 얘기는 안 하고 "내가 들어가서 확인해 본다" 해가지고 제가 들어갔죠. 부모가 자식 보는 거하고 다른 사람이 보는 거하고 그런 게 있잖아요(울음). 딱 보는 순간에 윤민이가 맞더라고요(침묵). 이렇게… 보니까 목에 명찰을 차고 있더라고요(울음). 혹시나 해가지고 손도 보고, 얼굴 보고 손도 보고. 우리 막내딸이 맞더라고요.

79

(계속 흐느끼며) 막내딸이 맞아 가지고 확인을 하고.

    그 당시에 국과수 직원이 왔더라고요. "맞냐"고 해서 "우리 딸애가 맞다" 그랬더니 "확인을 했으니깐 그러면 어떻게 하실 거냐"고 얘기를 하더라고요. "바로 올라갔으면 좋겠다, 안산으로 갔으면 좋겠다", "알았다"고 얘기를 하고. 그러고 나서 한 30분이 지난 다음에 "안 된다"고 연락이 왔어요. "왜 안 되냐?" 그랬더니 하루 전날 (잠시 침묵). 22일 날, 22일 날 올라간 애들이 바뀌어가지고 내려온 날이에요, 22일이. 22일이 내려온 날이어 가지고, 바뀌어가지고. "여기서 오늘부터 DNA 검사를 마친 다음에 그다음에 보내기로 했다"고 그렇게 얘기를 하더라고요. 그래서 또 거기서부터 저희하고 실랑이가 벌어졌어요, "무슨 소리냐?"

면담자   다 봤는데.

윤민 아빠   다 봤는데. "확실히 100% 맞는데 왜 그러냐" 그래도 "안 된다"고 하면서 [안 보내주더라고요]. 그 전까지는 제가 거기 안 다녀서 잘 몰랐었는데 그 전에는 우리 애들 보관 [장소], 그게 없었다고 얘기하더라고요. 그냥 천막 안에다가 놓았다고 얘기를 하더라고요. 우리 딸내미 있을 때는 뒤로 데리고 가데요. 뒤로 데리고 가가지고 가서 봤죠. 어디 가 있나 했더니 가서 보니까는 콘테이너에 임시로 만들었는데 거기다가 집어넣더라고요. 그거 보고 이제 열이 받았죠. "아니, 우리 애 차가운 데 있다 나왔는데 또 거기다

넣냐?" 지금 자기네들이 검사를 해야 된다고 얘기를 하니까, "좋다. 그럼 검사를 해라".

근데 검사를 하는데 거기서도 또 화가 나고 때려 엎고 그런 게, 일이 하는 순서가 없이 막 우왕좌왕하더라고요. 옆에 있는 가족도 "이게 뭐 하는 짓이냐?", 우리도 처남이 열이 받으니까 다 때려 부시고 "시발놈들아, 니네 뭐하는 짓이냐?" 한바탕하고 나더니 그때 이제 겁나는지 그놈들이 검사를 하는 놈, 국과수 검사를 하는 놈들이 다 도망가더라고요. 그래서 불러가지고 "여기 책임자가 누구냐, 왜 일을 이런 식으로 해가지고 일을 하면서도 욕먹냐. 아니, 누가 책임자가 있으면 책임자가 가족들하고 얘기해 가지고 이렇게 이렇게 과정 설명하고 하는 거 설명하고 이렇게 하겠다 얘기하면은 누가 가족들이 당신들한테 험한 소릴 하냐. 당신들 지금 이렇게 보면은 이게 일하는 거냐. 사람 더 열 받게 만드는 거지" 그랬더니, 죄송하다고 자기네 책임자가 원장인데 원장은 여기 안 나왔다고, 지시받고 있다고. 그래 가지고 좀 험한 소리를 그때, 그러면 "무슨 원장이냐, 여기 현장에도 없으면서 무슨 펜대 돌리면서 그딴 식으로 하느냐"고 그렇게 하면서 몇 시간 동안, 2, 3시간 지난 거 같애요. "2, 3 시간 지나고 나서 우리는 무조건 델고 갈 테니깐 니네 알아서 해라".

2시 정도 됐을 거예요. 2시 정도 됐는데 국과수 책임자라는 놈이 와가지고 서류를 석 장을 들고 가져왔더라고요. 확인서 그다음에 뭐, 그다음에 진술서, 그다음에 "책임진다"라는 뭐 그런 것까지 해가지고 "당신 이거 잘못됐을 땐 책임을 진다"라는 걸, 다 있더라고요. "알았다"고 내가 다 적어줬죠. "이거 써주면 보내줄 거냐?" 그랬더니 자기가 써주면 이거 보고를 해가지고, 상부에 보고해 가지고 연락을 주겠대. 그러니까 또 이제 거기서 욕을 했죠. "이보세요" 이랬더니, "죄송하다"고 "자기는 진짜 죄송, 죄송하다는 말밖에 못 하겠다"고. 그리고 1시간 정도 지났나? 그다음에 왔더라고요. 와가지고 "가셔도 된다"고.

그러면서 또 참 어이가 없던 게 뭐냐면 우리가 가는 게, 자기네 말로는 다시 이제 그게 바뀌어가지고. 그게 뭐냐면 우리가 애 데리고 가는 방법이 바뀐 거 첫 번째 케이스, 뭐 첫 번째 케이스래나. 그래 가지고 사진을 찍어야 된대. 기달려야 된대. 그래서 "알았다"고. 우리가 애 데리고 가는 거를 사진을 찍고 그다음에 앰뷸런스 타고. 앰뷸런스도 타보니까 딱 두 명밖에 못 앉겠더라고. 그래서 내가 예전 같았으면 진작에(한숨), 그 안에 진짜 말 그대로 앰뷸런스여 가지고 아무것도 없었어요, 어떤 저런 장치도 없었고. 앰뷸런스를 타고 안산에 도착하니까 그때가 8시 좀 넘었어요.

면담자 어머님이랑 아버님 두 분만 타고 오신 거예요?

윤민 아빠 예, 와이프하고 둘만 타고서. 딸내미한테 하고 우리 동서하고 처남한테는 정리 좀 해가지고 올라오라고. 차키까지 주고서 그리고서 우리가 먼저 앰뷸런스 타고 왔지.

면담자   아침 일찍 상황판에 이름 뜬 거랑 윤민이가 팽목항
에 들어오기까지 시간이 좀 있었잖아요. 그때 어머님이랑….

윤민 아빠   아무 얘기도 안 했어요.

면담자   예.

윤민 아빠   그냥 얼굴만 보고, 나는 뭐 담배를 피니까 담배만 피
고 있었지.

면담자   '윤민이었으면 좋겠다'라는 마음은 계속 있으셨던 거
죠? '지금이라도 돌아오는 게 좋겠다'는.

윤민 아빠   그때 한 8일째 되는 날에, 3일 지나고 나서는 일주일
정도 됐을 때는(한숨) '못 찾으면 어떡하나…'. 나뿐만 아니고 다른
가족들, 나 뒤에 나오는 가족들이 다 나중에 만나서 그 얘기들을
하더라고요. '못 찾으면 어떡하나, 못 찾으면 어떡하나…' 그 얘기
를 그때 많이, 속으로 얘기를 많이 했죠.

5
장례와 그 이후의 상황

면담자   윤민이 빈소는 어디에 마련하셨어요?

윤민 아빠   안산에 발이 넓은 친구 놈이 있어 가지고 그놈한테 "내가 지금 [윤민이를] 찾았는데 올라가야 된다" 그랬더니 "알아보겠다" 얘기하더라고요, 알아본다고. "지금 없는데" 그래서 "그래도 좀 어떻게 해봐" 그랬더니 여기저기 알아보고 연락이 왔더라고요. 한 30분 지나서 연락이 와서 "오늘 올라오지 않으면 안 될 거 같은데" 그래서 "그래야지". 그게 어디냐면 상록수에 있는 세화병원.

면담자   세화병원이요?

윤민 아빠   네. 세화병원에 하나 비어 있다고 글[거기]로. 제가 윤민이 찾고 나서 바로 시청 가서 "제1장례식장으로 가겠다" 얘길 했는데 제1장례식, 이쪽 실갱이하는 사이에 다 차버렸네. 다 없어 가지고 있는 게 어디냐면 시흥시, 시흥시에 있는 장례식장을 얘기하더라고요. "거긴 너무 멀다, 안산에 있는 걸로 하자" 그랬더니 "없다" 얘기하더라고요. 그래서 친구 놈한테 전화해 가지고 "지금 상황이 이런데 어떻게 좀 해줘 봐라" 그랬더니 연락이 왔더라고요. 그 병원에, 세화병원에 가가지고 거기서 윤민이를 [장례]하게 된 거죠.

면담자   윤민이 나오던 날 같이 나온 친구들[이] 좀 있었나요?

윤민 아빠   윤민이까지 9명인가 10명인가 이렇게 나왔어요.

면담자   미상으로, 처음 나왔던 대로.

윤민 아빠   미상으로 나왔어요. 다 미상으로 나와가지고. 나중에 보니까 그때 같이 나온 저기[기록이] 있더라고요. 근데 윤민이만 딱 뜬 게 여기 이렇게 나온 거예요. 그래서 우리가 알게 됐고, 나중에 윤민이가 들고 간 캐리어도 우리는 직접 소포로 왔더라고요. 보니까 거기에 중학교 때 학생증이 있더라고. 그래서 그거 보고서.

면담자   진도에서 올라왔어요?

윤민 아빠   아니, 해수부에서 작업을.

면담자   네. 소지품이 안 올라온 친구들도 있다고.

윤민 아빠   많아요. 못 찾는 것도 많고. 우리는, 근데 이제 걔가 메고 간 배낭이 있는데 그거는 없더라고요. 어딨는지 모르겠고.

면담자   캐리어는 한참 뒤에 온 거예요?

윤민 아빠   한참 뒤에.

면담자   언제쯤 받으신 건가요?

윤민 아빠   9월 달엔가, 8월 달엔가? 9월 달엔가. 9월 달에.

면담자   해수부에서 한 번 세척 작업 하고 보내준 거죠?

윤민 아빠   아니, 안 했어요.

면담자   세척 작업 없이 그냥 그대로 왔던가요?

윤민 아빠   내가 꺼내서 빨 때도 보니까 진흙이 고대로 있으니까 빨지는 않고 진흙만 좀 제거해서 보낸 거 같아요. [가방을] 열어 보니깐 막 진흙 냄새하고 썩은 냄새하고 많이 나죠. 다 물로 세척해 가지고 말려가지고 한꺼번에 모아가지고 소각을 했는데….

면담자　　윤민이는 장례 치르고 난 뒤에 어디 공원에 있나요.

윤민 아빠　　그때가 없어 가지고 서초에 있는 연화장[화장장] 가서 [화장]하고.

면담자　　서초요?

윤민 아빠　　어, 서울 서초. 서초 가서 [화장]하고, 거기서 효원으로 갔지.

면담자　　효원이요?

윤민 아빠　　효원[납골공원]. 그거 하면서도 느낀 게 교육청이나 안산시에서 그렇게 나와가지고 있으면서, 그 당시에 우리는 당연히 장례식장에서 얘기하는 게 보관함이나 이런 것들은 다 시하고 교육청하고 협약이 돼가지고 했는지 알았어. 나중에 알고 보니까 장례식장하고 효원, 그다음에 서호, 하늘 이렇게가 된 거 같더라고. 내가 왜 지금 이 얘기를 하냐면은 그 당시에 우리야 뭐 경황도 없고 아무 생각도 없었으니까, 보관함을 보여주는데 최고 싼 게 50만 원이고, 나머지는 80만 원, 100만 원, 200만 원, 300만 원 쭉 있더라고. 그렇게 몇백만 원까지 하는 자체가 저는, 저도 싫고 와이프도 싫어 가지고 적당한 가격에 이걸로 하자고 했거든요.

나중에 서초동 연화장[화장장] 가서 내가 우연찮게 저기 쓰면서 걔네들 보관함들을 봤더니 최고 비싼 게 30만 원, 40만 원이야. 그러니까 '뭐야 이거, 이 새끼들 이거 애들 가지고 너무한 거 아냐?' 이 생각이 머리를 때리더라고. '이런 일을 하면서도 이렇게 하는 놈들이 있나?' 이런 생각이 나중에 들게 된 거야. 진짜 해도 해도 너무한다는 생각이 들어버리더라고. 근데 그렇게 시하고 교육청 직원들, 그 많은 인원들이 와가지고 그런 거 하나 제대로 모르고 일을 했다는 자체가 내가 보기에는 '참 한심스럽다'는 생각이 들더라고. 그러고 나중에 그거 가지고서 얼마나 썼다고, 가족들 위해서, 애들 총 장례비용이 얼마 들어갔다고 [정부는] 또 그거 가지고 얘기할 거 아니냐 이거지. 그거를 미리 알고 있으면 [줄일 수 있는] 돈이야. 내가 보기에는 현재 만약에 100원이 들어갔으면 50원이면 다 할 수 있는, 그것도 욕 안 먹고 다 할 수 있겠다는 생각이 들더라고.

그래서 제가 9월 달엔가 [가협] 장례분과 일을, 9월 달부턴가 잠시 맡은 적이 있었는데, 그때 내가 가장 먼저 얘기한 게 뭐냐면 "분향소에 들어가는 경비, 그다음에 가족들을 위해서 들어가는 경비, 그다음에 장례식 쪽에 들어간 경비 그거를 다 뽑아 달라"고 얘기를 했어. 그랬더니 엄청 많은 돈이 한 달에 들어가더라고. 그래서 내가 시 분향소에 들어가는 거하고 그다음에 화랑유원지, 우리가 분향소 운영하는 거에 대해서 시청 담당 직원한테 싫은 소리를 엄청 많이 했어. "왜 돈 안 들어가도 될 거를 이렇게 들어가게 하느냐, 당신 생각하기에 우리 이 일이 앞으로 어떻게 될 거 같냐" 그랬더니 자기도 모른대. "그러면 바꿔라. 바꿔가지고 우리 가족들 욕 안 먹게 해라. 당신 이렇게 해가지고 한 달에…".

그 당시에 한 달에 들어가는 돈이 얼만지 하면요. 5억 이상 들어갔어요. 굉장히 많이 들어간 거야. 이거 뭐 분향소 운영하는 데 1억 8000인가 들어가지, 대기소 천막 비용만 한 달에 5000만 원 넘게 들어가지, 꽃 하는데 억 단위로 들어가지. 엄청 많이 들어가더라고. "그렇게 하지 마라 왜 그렇게 하냐, 나중에 또 우리 가족들 두 번 죽일 일 있냐", 그렇게 얘기를 하고, "업자들 만나서 당신들이 해라. 내가 왜 업자들 만나서 얘기하냐?" [하니까] 나더러 그러더라고 "업자들 만나서 얘기를 해줬으면 좋겠다"고. "그럼 좋다. 내가 욕먹든 내가 하겠다. 깎아라, 경비 줄여라. 당신들 이거 얼마 하는지 알지 않냐", 내가 그랬어. "내 친구 천막 회사 운영하는데 이거 얼마 안 들어간다. 당신 알지 않냐, 어떻게 이걸 이렇게 받냐, 깎아라".

경비를 아마 상당히 많은, 제가 알기로는 연말까지 절반 이상을 줄인 걸로 알고 있어요. 왜 내가 그 얘기를 나중에 알게 됐냐면, 그때 예은이 아빠가 대변인 맡고 있을 땐데, 저도 나이가 있으니깐 사회생활 경험이 있으니깐 그게 먼저 와닿는 거예요. 나중에 되면 또 이거[경비] 가지고 욕을 할, 우리 가족들 매도할 수 있는 게 돈 쓰는 거 가지고 할 수 있겠구나 해서.

면담자　　유지비가 얼마 든다, 이런 식으로 비난할 거라고 예상하셨군요.

윤민 아빠　　그래 갖고 그때는 정부에서 장례 지원 단장이라 하고 나왔거든. 그 양반한테도 얘기했거든. "이거 왜 단장님이 아무래도 공무원이시고 하지마는, 이거 충분히 제가 보기에 줄일 수 있는 거 아닙니까", 제 얘기 끝나고 나서 다 고개를 끄덕끄덕. "우리 가족들 두 번 죽이지 마시고요, 나서서 줄이세요". 아, 자기네들 바라는 거래요. "그러면 바라는 바대로 그렇게 하시라"고, "줄이시라"고. 나중에 알고 보니까 ≪□□일보≫에서 그거 다 뽑아가지고 방송할라 그랬다가 철회했어요. 우리가 먼저 하니까 그게 쏙 들어간 거야. 그래서 좀 욕을 덜 먹은 거지. 이건 나중에 얘기를 해야 되는데, 먼저 얘기를 하다 보니깐 이렇게….

면담자　　아니요, 좋습니다. 오늘 3차 면담 내용까지 여쭤보려고 했어요. 아버님께서 9월부터 장례지원분과 부위원장을 하셨고, 안산시와 어떻게 논의하셨는가에 대해서는 다음에 다시 자세하게 말씀해 주시면 됩니다.

윤민 아빠　　그니까 안산시, 그건 뭐 나중에 물어보면 내가 얘기를 할게요.

면담자　　오늘 2차 면담은 여기에서 마무리를 하겠습니다. 그 전에 윤민이 언니인 ○○, △△도 진도에서의 경험이 있는데요.

그 당시에 아이들을 돌보시기는 어려우셨던 거죠?

윤민 아빠   그 당시에는 거꾸로 됐어.

면담자   애들이 부모님을 돌보았나요?

윤민 아빠   응. 나는 그래도 아빠니까 남자니까 그나마 저거 했는데 와이프가 내려오고 나서부터 밥을 한 숟갈도 안 떴어요, 못 먹었어요. 거의 뭐 한 모금 마시고 그랬거든. 근데 같이 밥 먹으러 나가서, 거기서 봉사단체 분들 [제공하는] 밥을 먹자 해도 나도 뭐 먹는 둥 마는 둥 했으니까. 그다음 날 내려와 가지고 도저히 내가 보기에 안 됐다 하는 게, ○○한테 "엄마가 밥을 안 드신다. 니들이 멕여라", "알았어요" 애들이. 걔네들 둘이서 델고 나가서 끼니때마다 밥을 같이 먹는 걸 그렇게 해줬고. 나 같은 경우는 동서들이 내려와 가지고 동서들이 밥을 같이, 안 먹는다 하는데 어거지로 먹이더라고요. 그래서 같이 몇 숟가락 뜨고 그랬었거든요.

딸내미들이 이 일을 경험하면서 굉장히 많이 성숙한 거 같더라고요. 그니까 그런 얘기에 대한 거는 집에서도 나 있을 땐 얘기를 안 하고, 자기 엄마 있을 때만 얘기를 하는지, 나 있을 때는 얘기를 안 하더라고. 오히려 내가 좀 많이 미안하지, 애들한테. 어떻게 보면 [딸들이] 경험하지 말아야 될 걸 경험한 거니까.

면담자   그럼, 이것으로 2차 면담을 마치겠습니다. 수고하셨습니다.

윤민 아빠 최성용

3회차

2015년 11월 26일

1
시작 인사말

면담자   본 구술증언은 4·16 사건에 대한 참여자들의 경험과 기억을 기록으로 남김으로써, 이후 진상 규명 및 역사 기술에 기여하고자 합니다. 지금부터 최성용 씨의 증언을 시작하겠습니다. 오늘은 2015년 11월 26일이며, 장소는 종각역 마이크임팩트입니다. 면담자는 임광순이고, 촬영자는 이정수입니다.

2
가족대책위의 형성

면담자   인터뷰 전에 잠깐 말씀드렸던 게 건강 문제인데요. (윤민 아빠 : 예) 진도에서 식사도 거의 못 하셨고 몸도 마음도 많이 힘드신 상태에서 윤민이 장례까지 치르고 안산에서 생활하실 때 이야기인데요. 아버님, 어머님 모두 건강이 어떠셨는지요?

윤민 아빠   그 당시 윤민이 올라오고 나서는 거의 비몽사몽이라고 얘길 해야 되나… 머릿속이 하얗고… 그다음에 만사가 의욕이 없다고 얘길 해야 되나, 모든 거는 정지됐다고 얘기를 하는 게 낫겠네요. 모든 게 정지된 상태에서 지낸 거 같아요. 지금, 하루라도

술을 안 먹으면 잠을 못 잘 정도니까. 거의 매일 술로 의존을 해가지고 살았다고 보는 게 맞을 거 같아요.

면담자   그때 가족대책위가 있었을 때잖아요.

윤민 아빠   그때는 가족대책위가 아니라 가족들이 모여가지고 "이렇게 해야 되지 않겠나" 해가지고 와스타디움 거기에 하나 사무실을 빌려가지고 모여서 가족들 협의회 비슷한 거를 만들게 됐죠.

면담자   그럼 유족분들 활동이 시작된 거는 아이들이 뭍으로 올라오고 부모님들이 안산에 오신 다음인가요.

윤민 아빠   올라올 때 된, 우리 애들 [장례를] 치르고 나서 보니까 먼저 올라온 부모들이 와가지고 모여서 얘기를 하고 있었고, 우리도 이제 거기 들어갔고. 그다음에 이렇게 해서 올라오신 분들, 오고 싶은 사람들 이렇게 와가지고 합류를 했으니까, 그 당시에.

면담자   먼저 안산에 오셨던 분들이 나중에 오신 분께 같이 하자고 얘길 하신 거예요?

윤민 아빠   아니, 아니. 그런 얘기 없어도 다 모였으니까. 그래서 정식적으로 된 거는 제가 알기로는 시간이 좀 지나고 난 다음에 애들 거의 다 올라오고 나서, 그때 정식적으로 모여 있는 사람끼리 "누가 하겠다" 그래 가지고 거기서 거수로 투표를 했나…. 그래 가지고 위원장하고 부위원장 만들고 대변인 만들고 그렇게. 그다음에 반들이 있으니까 반대표 만들고 해가지고 시작을 했죠.

면담자   아버님은 처음에 와스타디움에 사무실만 있고 체계가 없었던 때에도 계속 나가셨었나요?

윤민 아빠   그때도 계속 나갔어요, 예.

면담자   다 비슷한 사정이니까 가족분들이 자연스럽게 모이게 된 건가요?

윤민 아빠   그때는 그렇죠. 이제 전부 같은 저거[처지]니까. 그때는 다 명찰을 만들어놓은 상태니까 들어갈 때는 명찰 보여주고.

면담자   안산 사무실 들어가실 때도.

윤민 아빠   와스타디움 들어갔을 때, 명찰 보고서 명찰 단 사람, 그래서 가족이 아닌 사람, 삼촌 이모라든가 이런 사람들은 못 들어왔어요.

면담자   그런 사람들이 그때도 있었어요?

윤민 아빠   왜냐하면 부모들이 활동, 부모들이 몸이 안 좋아서 못 나온다든가 그런 사람들이 있어 가지고 대신 나온 거죠. 그래서 그때 얘기를 해가지고 되느니 안 되느니 해가지고, 그러면 가까운 촌수에 있는 사람만 하자 [해가지고] 그렇게 모임이, 모임이라고 얘기할 수 있나요, 모임이 형성된 거죠, 결성된 거, 형성된 거.

3
가족대책위 활동

면담자   2014년 여름에 가족분들이 특별법 제정 관련해서 전국 각 지역을 많이 다니셨죠.

윤민 아빠   그때 "버스투어를 하자" 얘기 나와가지고, 마침 또 우리가 반 수가 많으니까, 10반 정도 되니까. "2박 3일로 하자", "1박 2일로 하자". "2박 3일로 해가지고 전국투어를 하자"고 얘기를 했어요. 우리 반은 울산, 대구, 청주. 먼저 내려간 데가 4반인가, 5반인가. 우리는 울산에서 했는데, 그때 울산 현대종합제철? 현대종합제철인가 현대자동찬가 그랬을 거예요. 울산 내려가서 회사 안에 들어간, 노동조합에서 안내를 해가지고 거기서 [특별법 제정] 서명받고 피켓도 선전전하고. 고다음부터 대구로 와가지고 대구에서 1박 하고, 거기서 나가서 서명받고 선전전하고. 그다음에 청주에 와가지고, 거기서도 선전전하고 서명받고. 그다음에 우리 뒷 반한테 넘겨주고. 뒷 반이 청주 그다음에 어디더라, 수원인가 이렇게 해가지고 3일 동안 돌아서 올라왔지.

면담자   지금까지 활동을 오랫동안 하셨지만, 아버님이 말씀하셨듯이 참사 이전에는 보수적이셨고 그런 활동을 안 해보셨잖아요.

윤민 아빠   그렇죠.

면담자   처음 지역에 내려가서 서명받고 선전전할 때 어떠셨
어요?

윤민 아빠   처음 할 때는, 옛날에 우리가 이런 걸 해봤으면 요령
이나 이런 걸 알고 했을 텐데, 우리는 그런 경험도 없고 아무것도
없으니까 거기서 주최에서 "이렇게 해야 됩니다" 해가지고, 거기에
대해서는 어느 누구도 반대한다든가 아니면 거기에 대해서 불만을
갖고 이런 건 없었어요. 전부다 당연히 우리는 하는 걸로 알고 있
었고, 당연히 그거에 대해서, 우리는 쉽게 얘기해서 창피해한다든
가 그런 건 없었어요. 당연히 해야 되는 걸로 알고. 왜 이렇게 얘기
를 드리냐면, 전부다 1시간, 2시간, 3시간 있는 거에 대해서 불평불
만 하는 사람이 아무도 없었으니까. 이의를 제기한다든가 그런 분
들이 없었고 '당연히 내가 해야 된다'고 생각을 하고. 이 일은 우리
가 하는 게 당연하다는, 그때는 모든 게 이유[가] 없었으니까. 나 같
은 경우도 '당연히 [내가] 해야 되는 게 아닌가' 이런 생각을 한 거니
까. 크게 얘기한다든가 그런 건 없었어요.

면담자   제가 건강 문제를 여쭤본 것도, 그렇게밖에 하실 수
없는 게 이해되지만, 몸을 전혀 돌보시지 않고 하셨잖아요.

윤민 아빠   그 당시에는 전부 다 그랬어요, 그 당시에는. 부모들
이 어느 누구도 똑같지만 '우리는 그래도 살만큼 살았지 않냐, 뭐

건강이 저기[중요]하냐' 이렇게 다 생각을 부모들이 했고, '이 정도
는 우리가, 이 정도 못 하겠냐, 이건 아무것도 아닌 거 아니냐' 이렇
게 다 생각을 했지, 거기에 대해서 뭐 내 몸이 아파서, 몸이 아프다
는 얘기는 거의 들어본 적도 없고, 본인이 몸이 아프더라도 그거에
대해선 얘기를 안 했으니까.

면담자   작년[2014년] 봄과 여름에 특별법 제정운동을 하면서
전국투어를 하셨는데요. 인상적이었던 일이나 지역이 있으신가요?

윤민 아빠   서명받을 때 대구 가가지고 기억에 남는 게, 대구는
굉장히 일반적으로 생각하면 보수 아니에요. 근데 거기서 가장 기
억에 남는 게 뭐냐면, 대구 지하철 참사 겪으신 분들하고 주변에
시민연대들하고 만난 자리에 애기 엄마가 유모차 끌고 와가지고
서명지를 만 몇 명분을 받아서 가져온 게 있어요. 저희는 진짜 깜
짝 놀랬죠. 물어봤더니 유모차 끌고 다니면서 서명을 받아가지고
우리한테 준 거더라고. 처음에는 혼자 하다가 옆에서 주변에 있는
친구분인가 누구분이 같이 하자 그래서 세 분인가? 하여튼 처음에
는 혼자 하셨다가 나중에는 같이 해가지고 그걸 받고서 우리가 굉
장히 감동을 받았으니까, 그게 기억에 남고.

그다음에 [기억에 남는 일은] 이제 교황님 오셨을 때, 우리가 여
기 광화문에 밤새도록 세종문화회관 지하실에서 밤새고 있다가 새
벽 2시에 나가야 된다 그래 가지고. 그날 교황 오셔가지고 유민이

아빠하고 악수하고 이런 일. 우리가 노란 저걸[리본] 들고서 교황한테 보여주는 거, 그게 기억에 남네요, 그 당시까지는.

면담자   그 당시에 지역을 돌았던 분들도 계시고, 국회와 광화문에서 단식 농성했던 분들도 계신데요. 가족분들이 역할을 나눠서 하신 건가요?

윤민 아빠   단식은, 처음에는 얘기가 나와가지고 특별법 제정까지 단식을 해야지만 될 거 같으니까 "단식을 합시다" 했는데 신청자가 있었어요. 신청자가 있었는데, 그때 집행부라고 얘기해야 되나, "그러면 일단 우리 집행부에서 하는 걸로 하고 그다음에 가족분들 중에서 하고 싶어 하시는 분들 같이 하는 걸로 합시다"[로 단식을 시작했다가] 그다음에 집행부에서 몸이 안 좋고 이런 사람은 빠지고. 그다음에 [단식을] 다 하게 되면 대외활동을 못 하니까 "대외활동 할 수 있는 사람하고 한두 명 빼고 이렇게 합시다" 해가지고 단식을 하게 된 거죠.

면담자   아버님께서는 9월 이전에는 집행부는 안 하셨던 거 같아요?

윤민 아빠   예, 그전에는 안 했어요.

면담자   집행부가 아닌 가족분들은 어떤 활동을 중심적으로 하셨어요?

윤민 아빠   지방에 간담회, 간담회. 저는 간담회가 뭔가 했다가
지방에 있는 시민단체든지 아니면 관련된 유관기관 단체에서 와가
지고 세월호에 대해서 얘기를 해줬으면 좋겠다는 게 간담회더라
고, 보니까. 언젠지는 모르겠는데 그때부터 내가 간담회를 가기 시
작한 거야. 저는 부산, 대구 그다음에 또 어디야, 여기 구리 이렇
게. 부산에는, 부산 두 번을 갔나, 부산은 세 번을 간 거 같네요, 세
번 갔고. 대구도 몇 번 가고, 구리도 몇 번 가고. 그렇게 하다 보니
까는 각자 [특별법 제정] 서명투어 하면서 그 시민단체하고 저희랑
같이 인연이 있는 부모들이 그쪽을 가게, 맡게 된 거예요. 본의 아
니게 그게[그걸] 이제 전담을 하게 된 거죠. 전담을 하게 돼가지고
간담회를 가게 되고. 그다음이 국회에 우리가 들어가 가지고 국회
에 있을 때도, "너무 많이 있을 필요 없다" 해가지고 "로테이션[으
로] 돌아가면서 우리 [농성] 합시다" 해가지고 국회에서 로테이션 돌
아가면서 상주하게 된 거죠.

면담자   좋았던 기억을 말씀해 주셨는데요. 반대로 화가 나
거나 힘들었던 기억도 있을까요?

윤민 아빠   간담회 갔을 때 욕하고 그런 사람도 있었죠. 근데 그
런 거는 그렇게, 또 제 성격은 그걸 담아두질 않아요. 난 솔직히 얘
기해서 '넌 떠들어라. 니가 제대로 알면은 그런 얘길 안 하겠지만
은, 그거 가지고 그 사람한테 힘 뺄 일이 뭐가 있겠냐' 생각이 들어

가지고 아예 저는 대응을 안 하고. 그런 사람이 와도 멱살 잡아도 관심이 없으니까. 뭐 때리면 맞으면 되는 거 아니에요? 간단하게 그렇게 생각하니까. 그거에 대해서는 그렇게 신경을 안 썼어요.

면담자 보수 언론이나 진영 쪽에서 계속 이상한 이야기를 흘리면서 분위기 반전을 시도했고, 화랑유원지에서는 뺨 때린 할머니도 있었고, 사회 분위기가 많이 안 좋은 방향으로 바뀌었잖아요. 그 속에서 아버님은 변화는 변화고, 우리가 하는 건 하는 거다 이런 입장이셨던 거죠?

윤민 아빠 저는 조금 다른 쪽으로 얘기를 하게 되면, 저는 어차피 우리 애들 일은 짧은 시간에 [해결이] 이루어진다고 생각을 안 하거든요. 긴 시간에 이루어진다고 생각을 하기 때문에, 어떻게 해서든 정부에서는 우리를 빨리 국민들 기억에[서] 없애려고 노력을 한다는 거는 알고 있었고. 내가 만약에 이 나라의 어떤 직책을 맡고 있다 그러면 저도, 저 또한 그렇게 할 거라 생각을 해요. 그래야지만 자기네들이 치부가 감춰질 수가 있거든요. 내가 만약에 큰 부와 명예를 갖고 있는데, 정상적으로 부와 명예를 갖고 있는 사람들은 절대 나서질 않아요. 어느 누구든 자기가 혼자 잘 먹고 잘 살라 하지 그거에 대해서 누구한테 과시를 한다든가 거기에 대해서 으스대고 한다는 거는, 저기 순수하게 벌어서 그렇게 하는 사람도 있겠지만, 그렇지 않은 사람들이 어떻게 해서든 그거를 무마시키기 위해서는 자기가 바깥에 더 많은 활동을 하고 움직이고 그거를 감추기 위해서는 그거 하나[치부]를 감추기 위해서 10을 만들어야 되거든요. 그거는 어느 누구든지 똑같다고 생각을 해요. 저는 그런 생각을 갖고 있기 때문에 그런 부분에 대해서는 어느 누구도 당연히 그렇게 나올 거라 생각을 하고 있었기 때문에.

그래서 저는 우리 가족들한테도 그런 얘기를 가끔가다 술 한잔, 어디서 술 한잔 먹는다든가 아니면 당직 때라든가 그 전부터 그런 얘기를 많이 했어요. 지금 우리 가족들 보면은 저처럼 사회생활 많이 한 사람도 있고 그렇지 않은 사람도 있거든요. 근데 저처럼, 제가 나이가 우리 반에서 그렇게 낮은 편이 아니에요. 이쪽에 있는 부모들 중에서 한두 사람 [빼고], 26명 중에서 상위 클라스 정도의 나이더라고 보니깐. 또 직장생활 한 사람들도, 저는 직장생활 좀 오래 한 이십 몇 년을 했고, 그다음에 직장에서 영업을 하다 보니까 사람을 많이, 각계각층에 있는 사람들을 많이 만나다 보니까 그런저런 얘기를 많이 알고 있었고, 듣고 있었고. 그리고 또 제가 혼자 이렇게 하는 것은 주변에 사람들이 많이 어울리는 걸 좋아해 가지고 모임도 제가 굉장히 많았어요. 많아 보니깐 남들이 알고 있는 상식에서 조금 더 알고 있는 부분들이 있어 가지고 제가 가족들한테도, "아마 요 때쯤 되면 이렇게 얘기를 할 거고 이렇게 될 거고 가족들을 분산시키기 위해서 쟤네들은 온갖 모략과 묘책을 세워가지고 우리를 할 것이다. 아마 조금 지나면 돈 가지고 언론에 흘려

가지고 우리 가족들을 분산시킬 거다" [이런 이야기를 자주 했지요].

아니나 다를까 9월 달 되니까, 이제 몇 월 달 되니까 배·보상금 가지고 또 [기사화]한 적 있잖아요. "가진 자가 할 수 있는 거 그것밖에 없다. 그리고 가장 중요한 거는 국민여론을 돌리는 거다. 국민여론을 못 돌리면은 쟤네들은 그거에 대해서 굉장히 많은 데미지를 받기 때문에 어떻게 해서든지 우리를 매도를 할 것이다" 했는데 얼마 안 있다가 대리[기사] 폭행사건이 난 거예요. 근데 그거 보면은 아무것도 아니거든요. 술 한잔 먹고, 아니 우리 광순 씨가 술 한잔 먹다 보면 대리 운전사랑 몸싸움하고 붙을 수도 있는 거 아니야? "야, 이 시발놈아 너 안 맞어, 너 가" 이런 식으로 되는 거 아냐. 그런데 그거를 이슈화시켰다는 거는 뭐냐면 여론몰이를 하는 거예요. 여론몰이를 해야지만이, 그것도 한 달 이상, 그게 한 달짜리예요? 그거 한 달 이상을 계속 우리 가족들이 이 정부에서 모인, 그런 얘기를 하더라고요.

뭔 얘기를 했냐면 "니들 서명운동 받아가지고 100만 명 받으면 많이 받은 거야". 정부에서는, 국정원에 있는 놈 누구 입에서 나왔다고 얘길 하더라고. 근데 갑자기 500만 명이 넘어가니까 [정부에서] 놀랜 거야. 놀래 가지고 "안 되겠다 얘네들. 어떻게 좀 해봐라" 그렇게 아마 그 얘기가, 정확한 저기는 아니지마는 그런 얘기를 했을 거라 얘기하더라고. 그래 가지고 "얘네들 저거[분산] 해야 되지 않겠냐" [하던 차에]. 마침 걸린 게 대리운전 사건이라는 게 걸려가지고 사회 이슈화 시켜서, 그러면서 하나 더 해가지고 돈 [문제] 하고 그다음에 뭐 이렇게 매도를 하지. '애네들이 준비한 그 각본대로 우리가 휩쓸리지 않았나' 이렇게 생각이 드는 거야.

면담자   9월 집행부에 들어가시기 전에, 4월 말에 오셔서 멍한 상태였다고 하셨는데요. 작년 여름에는 계속 활동을 하셨던 거잖아요. 그 사이에 어떤 계기가 있던 건가요, 아니면 사무실을 나가시다 보니까 자연스럽게 활동을 시작하신 건가요?

윤민 아빠   그런 얘기들을 많이 하고 저 또한 과거사에 관심이 없다가 이제 과거사를…. 제가 원치 않는 유가족이 되다 보니까 [참사에] 관련된 그런 기사들을 스크랩된 거를 보게 되고, 그런 얘기를 듣게 되고, 주변에서 이런 얘기 듣고 저런 얘기 듣고, 이런 과거사 저런 얘기. 그러다 보니까는 거기서 다 이구동성으로 얘기하는 게 뭐냐면 "제대로 이거를 활동할 수 있는 사람들은 그중에서 몇 프로밖에 없다. 그 사람들이 이 사건들을 이끌어 나가고 이 사건을 밝히는 거지. 전체가 다 [활동]하기는 어려울 것이다". 이런 얘기를 듣고 보고 하다 보니까, 그래도 내가 우리 반에서는 우리 가족들, 가족들에서도 나이가 낮은 편은 아니니까, '그래도 좀 내가 생활형편도 여, 좀 뭐 그렇게 여유 있는 건 아니지만 움직일 수 있는 동력이 내가 낫지 않겠나' 하는 생각이 들었어요. 생각이 들어가지고 집행부처럼 전적으로 매달려서 하는 것도 맡으라면, 맡아서 하라면 저는 뭐 거기에 대해서 반대할 생각은 없어요. 제가 힘이 닿는다 그러면 할 것이고, 그러지 않고 저보다 더 능력 있고 유능하다 그러면 그 사람이 해야 되는 거는 당연하다고 생각을 하는 사람 중에 한 사람이니까.

우리 반 같은 경우는 저처럼 [남은 자녀를] 다 키운 부모도 있지만 아닌 부모들이 많거든요. 그 사람들이 움직이는 게 아무래도 한계가 있으니까, 그 사람보다는 내가 조금 움직이고. 또 한 가지는 뭐냐면 '나이 먹은 사람이 이렇게 움직이게 되면 같이 생각 있는 사람은 움직이지 않겠나' 그런 생각이 들어가지고. 어떻게 보면은 그렇게 하는 게 또 맞고. '지금이야 그 사람들이야 애들 육아 때문에 좀 활동이 뜸하지만은 어느 정도 시간이 지나면 애들이 다 크고 내가 나이가 더 먹게 되면 그 사람들이 내 나이가 되면 나보다 더 잘할 수 있지 않겠나' 이런 생각이 드는 거지.

<u>4</u>
장례분과위원 활동

면담자   아버님께서 집행부에 들어가신 계기가 무엇인가요?

윤민 아빠   그것도 계기, 계기라면 참 우스워. 왜 우습냐면 나는 할 생각이 없었거든.

면담자　　　　　예, 그때 아버님까지 아홉 분이 새로 집행부가 되셨는데 어떤 과정에서 갑자기 합류를 하셨던 건지 궁금해서요.

윤민 아빠　　　　그때는 뭐냐면 대리운전 기사[폭행사건] 그거 때문에 다 총사퇴를 하고, 다 사퇴한 거예요.

면담자　　　　　아버님 말씀이 직접적인 계기는 맞는데요. 새로 집행부 된 분들이 하시라고 권유해서 하신 건지, 그리고 여러 분과 중에서 장례지원분과 쪽을 맡으신 이유가 궁금해요.

윤민 아빠　　　　그거에 대해서 내가 설명을 하면 참 우습게 생각이, [집행부에 참여하게] 된 게 [계기가] 뭐냐면, 우리 반 대표가 혜원 아빤데 그 당시에는 같이 도보[행진]도 하고 뭐 1박, 1박 2일 도보도 하고 했었잖아. 그때 아무래도 내가 나이가 그중에서, 자꾸 나이 얘기하니까 참 많이 먹은 것도 창피해 죽겠는데, 하다 보니깐 어떻게 앞에 서게 된 거야. 서게 되면서 아무래도 걷는 거고 하니까 우리 나이 어린 부모들을 많이 생각했지. "괜찮냐"고, "힘들면 이거 다 완주 안 해도 되니까 버스 타고 쉬엄쉬엄 걷고 이렇게 해라. 괜히 무리하지 말라"고. 어차피 이거 하루 이틀 걸어가지고 끝날 문제가 아니니까, 그런 식으로 걱정을, 주로 많이 얘기를 하게 된 거지.

　　그러다 같이 어울려서 당직 설 때도 얘길 하고. 당직 설 때는 그렇게 얘기 많이 안 했어. 끝나고 나서도 같이 술 한잔, 바깥에 나가서 먹게 되면 거기서 얘기하고 이렇게 얘기하고. 그러다 보니까

"[나이가] 어떻게 되세요, 어떻게 되세요" 그러니까 나는 몇 살이고, 너는 몇 살이고, 몇 살이고, 자연스럽게 이렇게 돼버린 거야. 그러면서 내가 알고 있는 경험이라든가 경력이라든가 그런 거에 대해서 물어보면 이렇다, 저렇다 얘길 하다 보니까 가깝게 지내, 가깝게 얘기가 돼버린 거지. 호형호제하면서 "형님 어떻고 저떻고" 이렇게 돼버린 거.

그런 와중에 그 사건[대리기사 폭행사건]이 일어나면서 총사퇴하면서, 혜원 아빠가 나한테 전화하더니 "형님, 장례분과 나갈 생각 없어요?" [그래서 내가] "왜?" 그랬더니 "있어요, 없어요" [하고 물어서]. "뭔데?" 그랬더니 "알았어요" 딱 끊고, 나는 몰랐어. 근데 총회 때 가서 보니까는, 나중에 총회하기 전에 보니까 세 명인가 네 명인가 있다더라고. 그게 누구였었냐면 유민 아빠. 유민 아빠, 그다음에 또 누구, 누구 해가지고 나까진가 네 명이 있어. '아유, 난 될 일 없다. 여기 뭐 그 당시 활동하고 있는 사람 많은데 내가 될 일이 있겠나' [하고]. 나는 꿈에도 생각 안 했어. 꿈에도 생각 안 하고 그냥 갔지. 근데 웬걸. 총회 때 가서 [집행부 후보들이] "사퇴합니다", "사퇴합니다" 이래 버린 거야. 그니까 벙찐 거야, 나는. 그날 벙쪄버린 거야. '어? 다 사퇴하면 어떡해'. 나도 일어나서 나갈라 했더니 혜원 아빠가 "형님, 나가지 마세요. 나 챙피해요".

면담자　　　　혜원 아버님이 장례지원분과장을 하고 계셨나요?

107

3회차

윤민 아빠	다른. [혜원 아빠는] 우리 반 대표였어, 그 당시에.

면담자	반 대표 말씀하신 거죠?

윤민 아빠　　어, 어. 우리 반 대표였어. 먼저 저기 수석부위원장 하고 장례분과 겸직한 사람이 해화 아빠고. 그 말라가지고 요렇게.

면담자　　네, 네.

윤민 아빠　　해화 아빠야.

면담자　　그분도 연배가 좀 있으신 거 같던데.

윤민 아빠　　나보단 어려. 웬만큼은 다 어리대니까.

면담자　　그래서 장례지원분과 쪽으로 가시게 된 건가요?

윤민 아빠　　얼떨결에 맡게 된 거야. 얼떨결에 맡게 돼가지고 쭉 [활동해] 온 거를 자료를 받아 봐야 될 거 아냐. 와서 보니까는 너무 형편이 없더라고, 자료가. 받은 게 없어 가지고, 고민을 많이 했지. 같이 일할 사람들을 한, 두 명은 같이 하는 게 좋다고 얘길 해야 [하는데], 고민을 많이 하고 있는데 마침 우리 반 중에서 승희 아빠가, 얘길 하면서 같이 술도 많이 먹고, 얘기하는 게 직장생활도 좀 했더라고. '저 친구한테 얘길 해보면 될 거 같다'는 생각이 들어가지고 "같이 일 좀 하자"고 얘기 했더니 머뭇머뭇 거리더라고. 그래 가지고 내가 승희 엄마가 같은 반이고 얼굴 보고 아니까 승희 엄마한테 "승희 아빠 저랑 같이 일 좀 하게 얘기 좀 해주세요" [그랬더니] "아이고, 승희 아빠가 알아서 하겠죠" 그렇게 얘기하더라고. 그래서 "알았다"고. 그래서 내가 승희 아빠한테 "같이 일하자"고 그랬더니 이렇게 반대를 안 하더라고.

그리고 또 마침 6반에 승환 아빠라고 있어. 승환 아빠가 있는데, 내가 거기 앉아가지고 있으니까 "장례분과가 무슨 일 하는 거예요?" 물어봐요. "뭐 조사 자료, 뭐 맡고 나서 잘 모르겠는데 앞으로는 장례분과가 아니라 추모 관련된 일을 하는 게 아닐까 생각하는데, 그런 일을 맡아서 하는 게 장례분과가 아닐까요?" 그랬더니 "어, 그래요?" 그럼 자기도 생각이 있는데, "그럼 같이 일하자" [그래서] "하시자"고, 그렇게 해서 팀웍을 맞추게 된 거예요. 제일 나중에 우리가, 나머지 분과들은 벌써 다 [구성]해가지고 몇 명씩 인사했는데 저는 제일 늦게 하게 돼가지고 가족들한테 인사하고. 그러면서 이제 자료들을[자료들이] 너무 없어 가지고 하여튼. 일단은 가장 중요한 게 전체적인 레이아웃을 그려가지고, 머릿속에 그린 거죠. '어떤 일을 해야 되겠다'는 생각이 들어가지고.

같이 일하는 승희 아빠가 사람들한테 "우리 이렇게 하는 게 좋을 것 같은데 어떻게 생각하냐" 이랬더니, 고개를 끄덕이면서 거기에 대해서 별 다른 얘기 없더라고. "그럼 우리 이렇게 합시다. 내가 어떤 일을 하고 승환 아빠, 두 분한테 어떤 일을 하고 싶으신지 얘기를 하시면 업무 분담을 합시다. 나는 이걸 하고, 우리 이렇게 해가지고 같이 모여서 취합해 가지고 기록하고 이렇게 합시다" [하니까]. "좋다"고 얘기를 하셔가지고 모여서 얘기[를 나눴죠].

그래서 가장 먼저 한 게 뭐냐면 그때 제가 맡고 있을 때는 추모 이쪽에 대해서는 크게 얘기를 못 했어요. 왜 못했냐면 "지금 특별법이라든가 이런 게 제대로 안 [돼] 있는데, 왜 추모에 대해서 굳이 뭘 이런 걸 먼저 하느냐", "그래도 해야 되는 거 아니냐" 해가지고 그때 먼저 시청에다가 우리 애들이 [사용]할 수 있는 추모 부지를 달라고 얘기해 가지고 부지 받고. 그다음에 아까도 얘기했지만 분향소 운영하는 거, 그건 교육청에서 하고. 그다음에 우리 승희 아빠한테는 미팅하게 되면 기록, 회의록 작성하는 거. 그다음에 그때 주어진 업무가 있으면 해주고.

그때 또 뭐가 있었냐면 팽목에, 우리가 교대로 내려, 일주일에 한 번씩 내려갔나 3, 4일에 한 번씩 내려갔나 그랬어요. 팽목, 진도체육관에 당번으로 해서 돌아가고 있었거든요. 하루는 한 번 갔다 오면 우리 승희 아빠가 가고, 승희 아빠 갔다면 승환 아빠 가고, 그렇게 로테이션을 하게 됐거든요. 이 일을 맡고 나서 가장 먼저 옆에서 조언해 주는 게 뭐냐면 "이런 쪽에서 일을 해본 사람들을 만나고 얘기를 들어보고 하는 게 많은 도움이 될 것입니다" 해가지고, 그때부터 옛날 과거 저기 했던 5·18[광주항쟁 추모사업] 하신 분들, 그 단체 만나서 미팅하고 그담에….

면담자   추모사업을 염두에 두고 계속 미팅을 하신 거예요?

윤민 아빠　　　그쵸. 그거 하고 내부적으로는 분향소 운영에 대해서 경비를 제가 다 뽑아달라고 얘기를 해가지고 "분향소에 대한 제반사항에 대해서 불필요한 걸 다 빼라", 그래서 계속 제가 일주일에 한 번씩 시청 직원 만나서 "왜 자료 안 주냐, 자료 안 주냐" 제가 엄청 괴롭혔어요. 장례분과 그 장례지원팀장도 "아니, 왜 이거 주기로 했는데 안 주느냐, 자료 줘라" 해서, 계속 얘기를 해가지고, 그 양반들이 나중에는 시청, 이거 보니까 시청, 교육청, 정부 다 따로따로 놀아요. 취합도 안 되고 뭐도 안 돼. 다 취합을 하게 된 거야. 취합을 해가지고 매달 운영비 얼마, "정확히 명확히 달라". 그 다음으로 "왜, 어떻게 저기 애들 올라가는 꽃이 한 번 가는 데 4000만 원, 5000만 원씩 들어가냐, 이거 당신 꽃 한 송이 얼마야? 이렇게 들어가는데 이거 당신 돈, 시청, 시 돈 아니라고 이렇게 써? 이거 무슨". 그래 가지고 나중에는 다 바뀌, 저기 꽃 입찰하는 것도 바꿨어요. 왜? 지가 하다 보니까 점점 뭔가 있겠죠? 내가 조사해 보니까 처음에 분향소 생기고 나서 꽃 납품하던 업체가 이름을 바꿔서 계속 들어오는 거야, 내가 알아보니까.

면담자　　　연속 입찰하면 안 되니까 이름만 바꿔가지고요?

윤민 아빠　　　[업체] 이름을 바꾼 거야. 대표는 똑같은 거야. 아니면 대표가 누구냐면 사촌, 친척. 내가 그거 꼬집어가지고 시청 직원한테 이거에 대해서 "내가 누구 잘잘못을 따지고 싶은 생각이 없다. 왜 이런 식으로 입찰을 받느냐". 난 정보를 다 입수해 가지고 했더니 거기서 말을 못 하는 거지. 시청, 안산시청 직원들도 나를 알아요. 6개월 동안 내가 워낙 많은 저걸 해가, 일을 한 건 아니지만 내가 그 사람들 치부를 끄집어내 가지고 내가 얘기를 했기 때문에 다른 얘기를 못 해요. 내가 치부를 꺼낸 거는 맞지만은 그 사람들한테 도움이 되는 거지, 나쁜 게 아니거든. 왜? 경비가 줄어들면 줄어들수록 얘네들은 뭐냐면 "어, 그러면 니들 일은 하네" 이 얘길 듣는 거지. 돈이 계속 더 들어가 봐요, 뭐라 그러겠어요? 왜 일을 못해. 이렇게 나올 거 아냐.

그래서 지금 콘테이너 바꾼 것도 내가 처음부터 얘기했어요. "콘테이너 빌리지 마라. 임대하지 마라, 사라" 그랬더니 [직원이 말하길] 그거 사면 안 된대. "그러면 이렇게 하자. 계약서를 써라. 처음에 [임대]할 때 월 임대료가 20만 원이다 그러면 두 달, 둘째 되는 날 총 콘테이너 비용이 100만 원이라면 100만 원 되는 시점부터는, 6개월부터는 절반 이상 깎아라. 아니면 3분의 1만 줘도 되지 않느냐, 관리비용만 줘라. 이렇게 해라. 이런 계약서 왜 못 하냐". 내가 다 해가지고 줬어요. 왜냐면 그때 몽골텐트 하나 빌리는 데 얼마냐면 한 달에 20만 원 씩 나갔어요, 그거가. 거기가 얼마 있었냐면 43, 48갠가 있었어. 한 달에 얼마 나가겠어요, 돈. 2, 8에(계산 중). 그 당시 6000만 원인가 나가더라고, 6000만 원. 근데 그거 텐트 하나에 얼만 줄 알아요? 5만 원이에요. 근데 그거를 비싸게 사면 좋

윤민 아빠 최성용

다 이거야. "당신 비싸게 사면 얼마야?" "20만 원이요". "20만 원이면 지금 몇 개월이야. 내가 맡은 지가 6개월이 지났다고. 이거 사고 남은 거 아냐. 왜 이런 식으로 관리를 해. 이게 뭐야 당신, 당신 돈 아니라고 우리 가족들 욕 먹일라고 이렇게 관리해?" [직원은] "정부에서 나오니까 어쩔 수 없다". "정부에서 나오는 거 이 사람아 건의해 가지고 이렇게 하면 되지 왜 이걸 못 해?" 그래서, 내가 그러면, 자기네들 소관이 아니래.

그래서 내가 [책임자인] 장례식장, 장례 저기 정부장례지원단장 오십쇼. 그놈이 국장급이더라고. 그래서 국장이 왔어. 나 여기 문자 왔더라고, 저기 어떻게 됐는지 모르지만 "좋은 데로 갑니다". 왜냐면 실적을 올려서, 국장 이 양반이 좋아서, 머리가 좋아서인지는 몰라도 좋은 데를 갔어. 내가 그 사람한테 막말했거든. "단장님, 지금 단장님 이게 말이 맞습니까?" 열이 받아가지고 막 더듬어, 열이 받으니까 말이 더 더듬어지네, 열이 받으니까. 그니까 딱 듣고 있더니 "아버님 말씀이 맞네요". "그럼 그렇게 한번 해보시죠. 빨리 하시라. 단장님이 총책임자 아니냐"고. 그래 가지고 거의 6개월 만에 많은 걸 이제, 그 분향소에 운영되는 경비를 줄이게 됐고.

그다음에 이 추모 관련된 화백이라든가 이런 사람들을 많이는 못 만났어요. 건축가도 만나고 했는데, 그분들한테 직접 찾아가 가지고 인사드리고 "이런 일을 제가 맡았는데 도움을, 도움을 줄 수 있습니까" 그러면 자기가 또 도움을 주겠대. 근데 자기는 "앞면에 나서서 참여가 좀 어렵다", "아유, 그것만 해도 고맙습니다" 해가지고 만나서 얘기를 하고. 그렇게 계획을 세워가지고 움직이는 게 6개월은 너무 짧잖아. 그래서 하다 보니까 내가 임기가 다 된 거야. 임기가 다 되면서 그동안….

면담자   9월부터 몇 월까지가 임기셨어요?

윤민 아빠   2월 달엔가 총회인가 그러니까. 2월 달인가 3월 달인가. 근데 3월 달에 총회를 했을 거니까. 그래서 이제 고만둔 게, 고만둔 동기가 뭐냐면 나더러 계속하라고 얘기를 했었는데, 너무 내가 스트레스를 받은 거야. 나는 그래도 가족들한테 어떻게 해서든지 좋은 쪽으로 할라고 하고 거기에 대해서 우리 가족들이, 근데 가장 부담스러운 게 뭐냐면 가족들이 그거를 탐탁지 않게, 그냥 말만 던지고 거기에 대해서 책임 못 지는 그런 말들을 하는 거에 대해서 굉장히 내가 마음이 아팠어.

그래서 '나도 몸도 안 좋은데 내가 굳이 저런 소리 들으면서 봉사를 할 필요가 있겠나'라는 생각이, 내가 좀 회의를 느꼈어. 그래서 아이…, 건강이 안 좋은 핑계로 해가지고 "나는 그만두겠다. 어차피 임기 다 됐는데 새로운 사람, 저기 보니까 새로운 사람 나올 거 같으니까 그만두겠다" 해가지고 그만두게 된 거야.

근데 마침 그때 누가 나왔었냐면 유민 아빠하고 또 누구하고 나왔더라고. 두 명인가 세 명이 나왔는데 딱 보니까 표가 유민 아빠가 되더라고. 내가 솔직히 유민 아빠에 대해서 걱정이 많았어. 내가 해본 결론은, 내가 장례분과를 맡으면서 해본, 이거는 생각과 몸과 손이 같이 움직여야, 삼위일체가 돼야지 그러지 않으면 절대 할 수 없는 일이라는 생각이 들어가지고. '혼자서 할래면 힘들 텐데…' [하고 걱정을 했었지요].

그 자료조사 지금, 만들어놓은 게, 내가 그 당시에 만들어놓은 자료만 있어. 그거부터 더 붙인 살들이 거의 조금밖에 없어. 내 뒤로 또 그 누구냐, 정무 아빠가 한 걸로 알고 있는데. 뭐 한다고 자료를 많이 모아가지고 첨부시킨 건 알고 있는데. 조금 이제 아쉬운 게, 진행되는, 어차피 진행되지, 진행이 안 되는 이유가 있는 게 뭐냐면 정부에서 저렇게 흐지부지하기 때문에 진행이 안 된 게 있어.

5
집행부 임기를 마친 이후의 활동

면담자	가족분끼리도 활동에 대해 생각이 다르실 수 있잖아요.
윤민 아빠	다 틀리거든.
면담자	아버님이 보시기에 집행부마다 잘한 거, 아쉬운 거

있으셨을 텐데요.

윤민 아빠   내가 지금도 가장 아쉬운 게 뭐냐면, 현재 우리 가족들이, 가족들이 생각해야 될 게 뭐냐면, 어떻게든 투표를 해가지고 임원을 뽑았으면은, 임원에 대한 대우를 해줘야 되는 거고, 그다음에 그 사람들이 책임과 권한을 어느 정도 주고 거기에 대한 책임을 질 수 있게끔 해야 되는 것도 가족의 몫이고. 그다음에 책임과 권한을 가진 사람들이 활동하는 거는 250명, 304명이라는 그 가족을 대신해서 나와서 말을 하고 행동을 하는 거잖아. 그럼 뭐냐면 개인이 아니란 얘기예요. 공인이란 얘기야.

면담자   그렇죠.

윤민 아빠   공인으로서 움직이고 공인으로서 말을 해야 되는데, 그런 부분이 제대로 못 하고 있는 부분에선 굉장히 좀, 내 개인적으로 그런 부분이 좀 많이 [아쉬워요].

면담자   집행부에 대한 아쉬움인가요, 아니면 집행부를 바라보는 유가족들에 대한 아쉬움인가요.

윤민 아빠   다.

면담자   전부 다요?

윤민 아빠   집행부를 해봤으니까 가족들한테 내가 그런 아쉬운 부분들, 그다음에 내가 다시 본래대로 가족이 된 순수한 회원으로서 집행부가 지금 활동하고 있잖아, 그거에 대한 얘기를 종합적으로 하는 거야.

면담자   집행부 중심으로 총의가 더 잘 모아졌으면 좋겠는데 잘되지 않는다는 말씀인가요.

윤민 아빠   총의가 잘 모아지는 게 아니라, 다시 정리를 하면, 임원으로서 선출이 돼가지고 활동을 하게 되면은 이거는 개인이 아니라 공인이거든. 공인이면은 공인에 맞는 행동을 해야 되거든. 개인이 어떤 자존심이라든가 어떤 개인의 손해 보는 게 있어도 그거는 대의를 위해서는 본인이 갖고 있는 소는 희생을 해야 되거든. 난 그렇게 해야 된다고 생각을 하는 사람 중에 한 사람이니까. 내 개인적인 생각이니까.

면담자   예, 예.

윤민 아빠   그렇게 해야 된다고 생각을 하고. 그다음에 내가 회원이면은 이 사람을 내가, 내가 지금 뽑았으면 이 사람이 이렇게 움직이는 거에 대해서 책임을, 아니 권한을 줬으면 이 사람이 책임질 수 있게끔, 활동을 하게끔 만들어주는 것도 우리 역할이라 생각하거든. 이게 어떻게 하다 보면은 상관관계가 종속관계도 될 수가 있거든. 이런 관계를 서로 간에 이루어질래면 양보가 있어야 되거든, 배려가 있어야 되거든. 근데 그런 부분들이 옛날보다는 좀 많이 좋아졌는데, 앞으로는 이 부분들이 더, 우리 가족들이 이 문제를 해결하기 위해서는 그 부분들이 더 많이 필요하다고 생각하는 사람 중의 한 사람이라고 생각하시면 돼요.

면담자   방금은 활동하는 가족분들과 집행부에 대한 이야기였고요.

윤민 아빠   과거부터 지금까지.

면담자   예. 모든 가족분들이 활동하시진 못하잖아요. 어린 자녀가 있거나 여러 사정으로요. 활동을 함께 못 하는 가족들이나 안산을 떠난 가족들을 보면서 아쉬움 같은 것도 있으신가요?

윤민 아빠   아쉬운 부분은 있죠. 근데 그거는 제가 아쉽다 해가지고 그 사람들 붙잡아둘 수도 없는 거고, 그 사람들이 안 나오는 걸 나오라고 끄집어낼 수도 없는 거고. 모든 생각과 모든 행동은 본인이 결정하는 문제니까 거기에 대해서는 더 이상 그 의사를 존중하는, 존중하고 의사를 따라 가야 하는 게 당연하다고 생각을 하는데. 근데 저 개인적으로는 뭐냐면 그분들이 떠나면서 아니면 안 나오면서 그래도 어떤 자기가 할 얘기가 있을 텐데, 그런 얘기를 의사표현을 못하고 그냥 있는다는 자체가 참 어떻게 보면 답답하다고 얘기할까?

〈비공개〉

면담자   조부모님이 활동하시는 경우가 있나요?

윤민 아빠   광화문에서 나오세요. 이따가 우리 와이프, 윤민 엄마한테 물어보세요. 몇 반 할아버지라고 얘긴 하는데, 나도 들었는데. 기억하고 싶지 않은 생각은 금방 잊어먹어요. 제가 기억력이 굉장히 좋은데, 기억력이 굉장히 나빠졌어. 옛날에는 딱 광순 씨 그러면 전화번호 주르륵 다 머릿속에 나왔는데, 뭐 이정수 씨 그러면 이것도 아는데. 지금은 가르쳐줘도 몰라, 핸드폰 두들겨봐야지 알아.

면담자   가족분들이 참사 이후에 기억력 감퇴나 여러 건강상의 문제들이 생기셨다고 들었습니다.

윤민 아빠   전체적으로 아마 다 그럴 거야. 기억하고 싶은 생각들을 안 하니까, 잊어먹고 싶으니까. 어떻게 해서든 잊어먹을라고 하니까. 생각하고 싶은 사람이 없는 거야, [힘든 기억은] 잊어먹고 싶은 거야.

면담자   아버님은 동거차도는 언제부터 들어가신 거예요?

윤민 아빠   9월 달부터 들어갔잖아. 9월 달부터 들어가 가지고… 우리가, 원래 처음에 8월 말에 가족대책위에서 "거기 가가지고 합시다" 해가지고 먼저 가가지고 움막 설치하고, 그다음에 1차인가? 그게 9월 초에 들어가고. 이제 9월 10일 날. 저는 이제 9월 10일 날부터 18일까지 있다 나온 거죠.

면담자　　　처음 가신 분들도 집행부에서 뽑아서 가신 건가요?

윤민 아빠　　아니요. 우리가 자원을, 무조건 자원이에요.

면담자　　　집행부에서는 전혀.

윤민 아빠　　예. 공지를 하게 되면은 "가고 싶은 사람 가자"고 얘기를 해가지고. 또 마침 저도 시간이 남고 우리 아빠들이 은지 아빠하고 소연 아빠가 있는데, 은지 아빠가 "형님, 우리도 동거차도 한번 갑시다", "그래 가자". 내가 또 "어디 가자" 그러면은 거기에 대해서 호응을 안 하는 사람은 없어요. "갑시다" 그러면 소연 아빠는 항상 "형님, 우리도 갑시다" 그러면 "아 예, 그래요" 그러면서 해주는 편이에요, 많이 도와주는 편이에요. 그러다 보니까 뭔 일을 하더래도 꼭 나한테 와가지고 "형님, 내일 저기 진도 내려가야 되는데 어떻게 아빠들 좀 구슬려봐", 그럼 내가 전화를 해. 그러면 암만 못해도 대여섯 명은 오니까.

면담자　　　동거차도는 완전한 선체인양이 될 때까지 계속 가실 계획인 거죠?

윤민 아빠　　바지선이 작업을 끝내고 나오면은 우리도 빠질 건데, 지금 바지선이 계속 작업을 하고 있잖아요.

면담자　　　네.

윤민 아빠　　바지선이 작업을 하고 있는데….

면담자　　　바지선이 작업을 뒤돌아서 한다고.

윤민 아빠　　　예, 돌아서 지금 작업하고 있는데. 오늘 아침에 우리 와이프한테 충격적인 얘기를 들어가지고 지금 걱정이 많아요. 지금 배를 계속 몇 군데를 뚫었다고 얘기를 하더라고요. 절단했다는 얘기를 들었어요.

면담자　　　온전한 선체인양이 아니라.

윤민 아빠　　　저기 누구, 수습 안 된 부모 누구한테 얘기를 해가지고 허락받았다고 해가지고 계속하고 있다는 얘기를 내가 들어가지고. 그러면은 문제가 되는데. 〈비공개〉

면담자　　　네. 선체인양이 미수습자 가족 입장에서는 사정이 다른 부분이 있잖아요.

윤민 아빠　　　어, 그래. 어려운 측면이 있으니까 우리가 말을 못 하거든. (면담자: 예) 그런 부분에 대해서 말을 못 하는데. 정부, 제가 보기에는 제가 개인적인 생각은 뭐냐면 '이용하는 거밖에 안 된다'는 생각이 들거든요. '제일 아픈 구석을 찔러가지고 이용하고 지네들 실속을 차리는 게 아닌가' 이런 생각이 드는 거예요, 제 개인적으로는. 그래서 오면서 내가 와이프한테 화를 내고 뭐라고 얘기를 했는데, 내가 직접 당사자가 아니니까.

면담자　　　4·16 세월호 참사를 아버님 인생에서 앞으로 살아가시면서, 혹은 지금까지 변화의 계기로서 어떻게 평가를 하고 싶으신가요?

윤민 아빠　　간단하게 얘기를 하면은, '4·16으로 애들이 희생됨으로 해가지고 조금은 바뀌어야 되지 않겠나' 하는 생각이 드는 거예요. 이게 뭐 예를 들어서 우리 딸들이 이 나라에서 앞으로 계속 살아야 되고 그 자식들이 또 살아야 되는데, 그 자식들 살아가는데 안전이라든가 이런 부분에 대해서 걱정 없이 살 수 있는 그런 계기가 됐으면 좋겠다는 생각이죠.

면담자　　진상 규명도 멀게 보고 계시다고 했는데요. 조금은 오래 걸려도 지속되어야 한다고 생각하시는 거죠?

윤민 아빠　　저는 뭐 '죽기 전에는 어느 정도는 규명이 되지 않겠나' 생각을 해요.

면담자　　진상 규명과 안전 사회라는 목표가 이뤄진다면, 그 이후에는 어떤 삶을 사시게 될지 궁금한데요.

윤민 아빠　　저는 두 가지 생각해요. 저 개인적인 생각은 '만약에 그게 10년 안에 [진상 규명과 안전 사회 실현이] 됐다' 그런 가정을 하게 되면 제 나이가 그때 되면 60대 중반이 돼버리거든요. 그러면 저는 아마 안산에 없고 어디 조용한 마을에 가가지고 생활하고 있지 않을까, 시골 들어가서 생활하고 있지 않을까 생각이 들고. 그러지 않으면, 만약에 이제 시간이 길게 되면은 내가 힘이 닿는 데까지는 이 일을 매달, 매일은 못 하더래도 계속 이 부분에 대해서 후원자가 될지, 아니면 내가 직접 할지, 관련돼 가지고 있지 않겠나 이렇게 생각을 하는 거죠.

면담자   10년보다 더 길어질 수도 있다고 생각하시는 건가요?

윤민 아빠   저는 그렇게.

면담자   빠르면 빠를수록 좋지만요.

윤민 아빠   빠르면 빠를수록 좋은데 제가 생각에는 한 10년은 좀 지나야 될, [대통령이] 두 번 정도는 바뀌어야 되지 않겠나 하는 생각이 들어요. 진짜 길면은 세 번, 서너 번 바뀌어야 되지 않겠나.

면담자   이번 인터뷰에 응해주신 것도 그런 의미인가요.

윤민 아빠   저는 제 이름이 아니라 윤민 아빠로서, 나중에 제가 없고 나서 우리 자식, 자손들이라고 얘기해야 되나, 조금이라도 도움이 됐으면. 도움이 됐으면 얼마든지 저는 이런 인터뷰가 아니라 희생을 할 수 있는 그런 각오는 돼 있는 상태[입니다].

면담자   아버님께서 더 남기고 싶은 말씀이 있으실까요.

윤민 아빠   남기고 싶은 거는 뭐 별도로는 없어요. 별도로는 없고 향후에 두 번 다시는 이런 일이 발생이 안 되기를 빌고, 또 이런 일이 두 번 다시는 누군가 경험해서는 안 된다는 생각을 갖고 있습니다. 그리고 우리 선에서, 우리 가족들 선에서 이런 문제가 해결되기를 바라고 향후에 우리 애들[희생자들]이 진짜 이 나라의, 하늘의 별이 됐으면 하는 바람입니다.

면담자　알겠습니다. 아버님 오늘 정말 긴 시간이었는데요.

윤민 아빠　예.

면담자　구술 참여에 감사드리고 최성용 씨의 구술은 여기에서 마무리하겠습니다.

윤민 아빠/면담자　고생하셨습니다.

4·16구술증언록 단원고 2학년 3반 제5권

그날을 말하다 윤민 아빠 최성용

ⓒ 4·16기억저장소, 2019

기획 편집 4·16기억저장소 ┆ **지원 협조** (사)4·16세월호참사가족협의회
펴낸이 김종수 ┆ **펴낸곳** 한울엠플러스(주)
초판 1쇄 인쇄 2019년 4월 1일 ┆ **초판 1쇄 발행** 2019년 4월 16일
주소 10881 경기도 파주시 광인사길 153 한울시소빌딩 3층
전화 031-955-0655 ┆ **팩스** 031-955-0656 ┆ **홈페이지** www.hanulmplus.kr
등록번호 제406-2015-000143호

Printed in Korea.
ISBN 978-89-460-6717-2 04300
        978-89-460-6700-4 (세트)
* 책값은 겉표지에 표시되어 있습니다.